우간다 빅토리아 호수
선 교 간 증

벙어리 선교사 28년

| 聖民 金基日 |

쿰란출판사

추천사

정성구 박사

선교는 순교다. 선교는 하나님의 지상 명령이다. 그리고 선교는 구원의 선포다. 선교는 하나님의 은총의 포로가 된 사람이 할 수 있다. 사도 바울은 스스로 '이방인의 사도'라고 칭했다. 한국은 사실 아프리카보다 선교를 늦게 받은 나라이지만, 이제는 선교 대국이 되어 전 세계 거의 모든 나라에서 우리 선교사가 뜨겁게 활동하고 있다.

이번에 아프리카 우간다에서 선교하는 김기일 목사님께서 책을 내셨다. 책의 내용은 우간다에서 교육 선교 28년간의 내용을 마치 일기를 쓰듯 우리에게 소개해 주고 있다. 역사는 기록되어야 비로소 역사가 될 수 있다. 개인이나 단체나 할 것 없이 삶의 내용이 있는 그대로 기술되어야 역사가 되고, 그 역사적 사건 위에 새로운 것을 얻을 수 있다. 김기일 목사님은 20여 년 동안 목회를 하던 중 소명을 받고 아프리카 우간다로 건너갔다. 그리고 온갖 어려움 속에서도 절망하지 않고 열매를 맺게 되었다.

이 글을 읽어보면 스스로 성공한 이야기보다 실패한 이야기가 더 많다. 선각자들의 실패 경험담까지도 후학들에게 보탬이 되고 유익이 될 줄 믿는다. 그 어려운 선교 현지에서 자녀들을 아름답게 키워 성공한 예도 읽어 볼 만하다. 앞으로 우리는 그를 통해서 하나님의 크신 일을 볼 수 있을 것이다.

정성구 박사
전 총신대, 대신대 총장

추천사

박재천 목사

인간이 만물의 영장으로 존재하는 이유는 동물보다 탁월한 지식과 지혜 때문이다. 특히 지식의 총화인 책을 통하여 새로운 지식을 공유할 수 있음은 하나님의 큰 축복이다.

서점의 수많은 책들이 독자를 기다리지만 영적 감동을 주는 책은 그리 많지 않다. 김기일 목사님은 우간다 선교사로서 책 제목처럼 벙어리 선교사 28년 동안 언어의 장벽을 넘어 선교의 열정으로 아름다운 선교 역사를 이루셨다.

특유의 진솔한 간증의 글들이 읽는 이의 심금을 울릴 것이다. 미개와 불신의 우간다에 선교의 꽃을 피운 아름다운 이야기를 담은 이 책을 통해 선교의 새로운 가능성을 기대하며 기쁘게 추천하는 바이다.

한국문인교회 담임, 시인

산심 박재천

추천사

이선구 목사

선교의 열정 하나로 중국 선교사를 소망했으나 성령님께서 우간다 선교의 길을 열어주셔서 아프리카 선교의 최전방에서 헌신하고 계신 김기일·정명선 선교사님 부부의 선교 역사와 신앙 여정이 담긴 《벙어리 선교사 28년》 출간을 축하드립니다. 김기일·정명선 선교사님 부부는 순수한 신앙을 가진 분들로서 세계만방에 예수 그리스도의 복음을 전하고자 하는 열정으로 하나님의 섭리 가운데 지난 28년간 아프리카 선교를 한 산 증인입니다. 미약하지만 저 또한 아프리카 55개국에 빵 공장을 세워 굶주리는 아이들을 먹이고 복음을 전하고 있는 선교의 동역자이기에 매우 기쁜 마음으로 추천사를 씁니다.

김기일·정명선 선교사님 부부는 뜨거운 선교 열정으로 동료 선교사들과 목회자들에게 도전을 주는 선교사이며, 아프리카 복음을 위해서 우간다를 중심으로 왕성하게 사역하시는 구령의 선봉장이십니다. 아프리카의 많은 영혼의 구원을 위해 혼신을 다해 힘쓰고 있는 귀한 하나님의 종들입니다. 이 부부 선교사님들이 성령님을 의

지해서 지난 28년간 감당한 아프리카 선교의 역사를 생생하게 담은 책을 출간하게 된 것은 한국의 많은 선교사 지망생들이나 현재 선교 현장에서 사역하고 있는 선교사, 보내는 선교사인 목회자 그리고 모든 성도들에게 참으로 뜻깊은 일입니다.

  이 책을 통해 성령님이 선교 현장에서 얼마나 역동적으로 역사하고 계신지를 생생하게 느낄 수 있을 것입니다. 또한 주님이 다시 오실 날이 머지않은 이때에 땅 끝까지 예수 그리스도의 복음을 전파하라는 주님의 명령을 다시 한번 마음 깊이 새기게 될 것입니다.

  끝으로 이 책을 통해서 김기일·정명선 선교사님의 아프리카 선교 사역의 지평이 더욱 확장되기를 소망합니다. 나아가 이 책이 세계 선교에 헌신하고 있는 모든 주님의 충성된 종들에게 용기와 도전을 주는 지침서로 널리 읽히기를 기도합니다.

이선구 목사
(사)사랑의쌀나눔운동본부 중앙회 이사장

추천사

강창렬 목사

　　김기일 선교사님의 벙어리 선교 28년은 한 편의 감동적인 드라마입니다.

　　어린 시절 선교사에 대한 막연한 동경으로 시작하여 신학원에서 공부하면서 선교사로 서원하여 중국 선교에 대한 비전을 갖고 선교 훈련을 받았으나, 목사의 신분으로 갈 수 없음을 알고 포기해야 했습니다. 그 후 한국 어린이 선교회로부터 우간다 선교를 제안 받고, 순종하는 마음으로 우간다로 향했습니다.

　　선교지에 도착한 지 얼마 안 되어 IMF가 우리나라를 뒤흔들어 놓았으며, 선교사들이 선교 비전을 포기하고 선교지를 철수하는 안타까운 현실에서도 기도와 인내로 극복하면서 자녀 교육과 언어 장벽을 넘는 실패와 성공의 두 수레바퀴의 이야기가 펼쳐집니다.

　　저자는 그동안 선교사로서의 회개와 교훈을 거울삼아서 선교에

뜻은 있으나 망설이는 예비 선교사를 위해 저술하게 되었습니다. 우리가 모두 선교사임을 사명으로 알아야 한다는 것을 강조하고 있으며, 고난의 끝은 영광이라는 신앙심으로 어려운 여건을 승리의 삶으로 승화시키면서 선교사들에게 동역자로서 해야 할 역할과 중요성을 일깨워주는 내용이므로 감히 추천해 드립니다.

강창렬 목사
세계선교총회신학원 원장, 세계선교연대총회 충청지역 노회장

추천사

조용활 목사

한국교회가 받는 선교에서 주는 선교로 패러다임이 바뀐 이후 지금까지 전 세계에 22,000여 명의 선교사를 파송하고 후원하는 선교강국으로 변한 것은 주님이 마지막 때 영적 추수꾼으로 한국교회를 사용하시는 놀라운 은혜요 축복이라고 할 수 있다.

특히 백석교단은 흔히들 자생교단이라고 부르는데 그 이유는 타 교단은 대부분 선교사들이 세우거나 후원으로 세워졌지만 백석교단만은 그런 후원이나 도움 없이 주님이 분부하신 명령을 따라 오직 복음 전파의 열정으로 설립되었기 때문이다. 그런 열정은 백석교단에 속한 목회자들과 선교지에서 선교하는 선교사들의 사역 속에 잘 드러나고 있음을 보게 된다.

필자는 오랫동안 백석교단 세계선교위원장과 이사장을 역임하면서 많은 선교사를 훈련하여 파송하고 또한 선교 현장을 가서 보면 더욱 그런 감동과 은혜를 가슴으로 느끼게 되었다.

백석교단에 속한 700명이 넘는 많은 선교사 한 분 한 분이 다 귀하지만 그 중에서도 아프리카 험지 우간다에서 28년 동안 사역하신 김기일 선교사 내외의 사역은 언어가 충분히 준비되지 못한, 한마디로 눈물겹도록 힘들고 그리고 동시에 하나님의 은혜와 감동의 세월이었음을 금번에 출판되는 《벙어리 선교사 28년》이란 책을 통해 잘 보여주고 있다고 생각한다.

이 책이 출판됨으로 선교사님이 언급한 것처럼 선교를 준비하는 분들에게는 용기를, 그리고 한국교회와 성도들에게는 깊은 감동을 주어 조금은 침체된 세계 선교에 활력을 불어 넣어주는 책이 될 것을 기대하면서 진심으로 책의 출판을 축하드린다. 그리고 끝까지 선교사의 사명을 잘 감당하여 남은 인생 더 하나님께 영광을 돌려드리시기를 기도드린다.

조용활 목사
백석교단 세계선교위원회 명예이사장, 동광교회

 머리말

어린 시절에는 개구쟁이였지만 주일학교에 나가면 선생님은 눈망울이 초롱초롱하다며 칭찬을 해주었다. 성경퀴즈대회 때는 항상 퀴즈왕을 차지해서 부러움을 사던 학생이었고, 청년이 되어 신학교에 가서는 공부보다는 선교 간증이나 목회 성공담을 즐겨 듣던 신학생이었다.

중국 선교사가 슬라이드(환등기)로 보고하는 것을 보고 '내가 저런 곳에 가면 좋겠다'라는 생각을 했던 것이, 세월이 지나고 보니 마음의 서원이었던 것 같다. 중국 선교 준비를 위해 약 6개월간 선교 훈련을 받고 일대일 접근 방법으로 사진 촬영을 배워서 선교의 매체로 쓰려고 했지만 목사 신분으로는 그곳에 갈 수가 없었다.

실망하고 있던 차에 필리핀 선교사님의 초청을 받아 10일간 필리핀을 방문하였는데, 더위에 취약한 필자의 체질로는 견디기 어려운 환경이라 포기하듯 망설이고 있었다. 그때 마침 농사를 짓고 있던 아우가 중국 조선족 신부를 맞이해서 중국 선교의 길이 열리는가

했으나 결단을 못 내리고 성직자의 신분으로는 갈 수 없는 중국을 포기할 수밖에 없었다.

그 후 한국어린이교육선교회로부터 우간다 선교를 제안받아 우간다로 가게 되었다. 우여곡절 끝에 답사도 하지 않고 아들과 함께 선교지에 도착하니, 기후 조건이 좋은 곳이었다.

얼마 되지 않아 IMF가 우리나라를 휩쓸었고, 많은 선교사들이 철수하고 계획되었던 프로젝트가 취소되는 안타까운 현실이 되었다. 그런 가운데 나누어 살던 가족이 함께하며 어려움을 기도와 인내로 극복하게 되었다. 이 책을 통해 힘들었던 초기 정착 상황, 선교 사역을 옮겨가면서 겪게 된 사실들, 실패한 이야기, 다른 선교사님들이 겪지 않은 자녀 교육 이야기, 언어의 장벽을 못 넘은 부끄러운 이야기, 현지인뿐만 아니라 우리 교민과의 관계에 대한 이야기를 주로 다루었다.

실제로는 성공적인 이야기보다는 실패한 부끄러운 이야기를 쓰면서, 선교에 뜻이 있으나 용기를 못 내는 분들, 그리고 언어와 환경 때문에 망설이는 분들뿐만 아니라 우리는 모두가 선교사임을 말하고 싶었다. 가는 선교사의 어려운 여건을 이긴 이야기와 보내는 선교사의 후원 이야기, 또 기도 동역자의 중요성과 기도 선교사는 못 해도 편지나 감명 깊게 읽은 책 한 권도 선교사를 돕고 용기를 돋아주는 선교 사역임을 피력하고자 글을 쓰게 되었다.

그동안 많은 후원자의 후원과 기도 동지들의 기도와 보내준 편지 글 그리고 고국에 돌아왔을 때 베풀어 준 사랑의 식사 대접 하나도 잊을 수 없는 선교 사역이라는 것을 우리 크리스천들이 상기하기를 원하며 이 책을 써 내려갔다.

이 일에 적극적으로 동참하고 격려해준 아내 선교사를 생각하면 감사의 눈물이 난다. 그동안 잘 자라준 5남매의 자녀들에게도 자랑스럽고 고마움을 느낀다. 이제 부모를 떠나 5남매가 다 가정을 이루었고 그 자녀들로 슬하에 손자가 8명이 되어서 식솔이 20명이 되었다. 모두가 건강하고 지혜롭게 공부하고 잘 자라고 있음에 감사하다. 아빠가 돌아보지 못하고 선교지에서 현지인들과 사역하는 동안 우리 자녀들은 대학을 마쳤다. 큰아들은 목사가 되었고, 다른 자녀들 또한 유수한 기업에 입사하여 선교사의 자녀답게 살아가고 있음에 감사한다. 이제 모두가 주님 오실 때까지 교회를 섬기며 선교지를 위해서 기도하며 바른 사회 일원으로 살아가는 오병이어 가족이 될 것을 소원한다.

누구나 선교해야 하고, 선교할 수 있고, 언어를 못한다고 포기하지 말고 지혜롭게 선교하면서 우리가 세계선교를 이룰 수 있다는 자신감을 갖기를 바란다. 28년간 겪은 일을 사진과 함께 내놓으며 부끄럽지만 앞으로도 초심을 잃지 않는 선교사가 될 것을 다시 한번 다짐한다.

2024년 5월
김기일

 **차례**

추천사 **정성구** 박사_ 전 총신대, 대신대 총장 … 2
박재천 목사_ 한국문인교회 담임, 시인 … 4
이선구 목사_ (사)사랑의쌀나눔운동본부 중앙회 이사장 … 5
강창렬 목사_ 세계선교총회신학원 원장, 세계선교연대총회 충청지역 노회장 … 7
조용활 목사_ 백석교단 세계선교위원회 명예이사장, 동광교회 … 9
머리말 … 11

1부 나의 일기

1. 하나님의 부르심 …………………………………… 20
2. 선교 시작의 어려움 ………………………………… 22
3. 우간다에서의 정착 ………………………………… 26
4. 사역의 시작 ………………………………………… 29
5. 생각과 견해의 차이 ………………………………… 33
6. 학교의 발전 ………………………………………… 40
7. 섬 사역의 시작 ……………………………………… 42
8. 다른 섬으로 ………………………………………… 44
9. 인간의 어리석음 …………………………………… 47
10. 이삿짐 컨테이너 사건 …………………………… 48

11. 어려웠던 우간다로의 귀환 ·· 50

12. 자녀들이 나보다 낫다 ·· 51

13. 하나님의 은혜 ·· 56

14. 자녀들을 키워주신 하나님 ·· 60

15. 수도권에서 제2의 도시 진자로 ·· 61

16. 진자에서의 정착 ·· 62

17. 섬 교회 건축 이야기 ·· 64

18. 에이즈 환자 사역 이야기 ·· 66

19. 장학사업(교육부모 연결) 이야기 ······································ 68

20. 교회 건축 사역 ·· 70

21. 섬 사역 이야기 ·· 73

22. 선교 중 겪은 황당한 사건들 ·· 76

23. 칼국수 전문점 ·· 78

24. 어부들과 함께하는 섬 생활 ·· 81

25. 현지인들의 식생활 ·· 83

26. 주거 문제 ·· 85

27. 우간다에서 앞으로 해야 할 일 ·· 87

28. 동역자 ·· 89

29. 넓은 오지랖 1 ·· 91

30. 넓은 오지랖 2 ·· 93

31. 씁쓸한 이야기들 ·· 95

2부 선교지에서 보낸 편지 ··· 99

2013년 10월 12일 편지 / 2014년 10월 13일 편지 / 2015년 12월 10일 편지 / 2016년 2월 24일 편지 / 2017년 12월 18일 편지 / 2019년 1월 31일 편지 / 2019년 8월 22일 편지 / 2019년 11월 28일 편지 / 2021년 2월 2일 편지 / 2021년 3월 19일 편지 / 2021년 6월 26일 편지 / 2021년 8월 30일 편지 / 2022년 1월 19일 편지 / 2022년 6월 15일 편지 / 2022년 8월 27일 편지 / 2022년 12월 21일 편지 / 2023년 4월 10일 편지 / 2023년 8월 20일 편지

3부 선교지에서 받은 편지 ··· 159

김지숙 / 김관수 / 안현옥 / 최미옥 / 승향 자매 / 이정현 선교사 / 민규 엄마 / 이의철 / 민종 / 민아 / 민석 / 아내(정명선) / 아내가 받은 편지 / 서울대학교 학부모님께 / 존경하는 학부모님께

에필로그 ··· 221
부록_선교 현장 화보

1부
나의 일기

1

하나님의 부르심

전도사 시취를 1974년 가을 예장합동 충북노회에서 하였고, 23년 간 목회를 해왔다. 군대 3년을 보내며 하사관학교에서 훈련을 받고, 7사단 8연대 예하부대인 2대대 7중대에서 겸직인 군종하사를 거쳐 전임대대에서 군종으로 7~8개월 동안 활동했다. 이처럼 군대에서 보낸 3년 동안도 나름의 목회를 했다고 생각한다.

환등기(영사기)로 중국 지하교회에서 신앙생활을 하는 이야기를 보고 들었기에 나도 선교지로 나가야 한다는 생각을 하게 되었다. 선교지는 한국에서 가까운 중국으로 가면 좋을 것 같다는 생각이었다. 그것은 내 생각이었는데, 한동안은 잊고 지냈다.

1990년대 선교의 붐이 일었고, 동생이 중국 연변 아가씨와 결혼을 했다. 그때 '이제 선교를 나갈 때가 되었나' 하는 생각을 하게 되었다. 그렇게 청주에서 목회를 하면서 여기저기 선교지로 나갈 길을 찾고 있었다. 광명에 있는 어느 선교단체에서 6개월간 훈련을 받기도 했다. 중국에 가려면 목사의 신분으로는 어려웠기에 사진 찍는 것을 좋아하는 나는 사진사로, 어린이 교육을 전공한 아내는 유치원 교사로 나갈 계획을 가지고 훈련을 받으러 매주 광명을 오갔다. 그러나 중국 선교는 복음을 전하는 자유가 없어 추진하지 못하고 기다려야 했다.

그러던 중 내가 청주 지회장을 맡고 있는 한국어린이교육선교회에서 선교사 훈련을 받게 되었고, 아프리카 우간다에 자리가 있으니 가라는 명을 받아 1997년 3월에 한국어린이교육선교회 선교사로 파송받았다. 한국에서 목회를 23년간 하고 1997년 6월 43세에 우간다 선교사로 나온 것이다. 선교사로의 부르심에 순종은 하였지만 준비되지 못했기에 여러 방면의 어려움을 통해 훈련을 받아야만 했다.

선교지에 먼저 나갔던 선배 선교사의 "선발대로 먼저 가서 정착을 준비하는 게 좋겠다"라는 조언을 듣고 나는 큰아들만 데리고 먼저 우간다로 왔다. 하나님께 기도하여 인도하심을 구하기보다는 친구의 말을 더 신뢰하면서 어려움이 시작되었다.

2

선교 시작의 어려움

집을 구하기가 너무 어려운 우간다에서 하나님의 은혜로 3일 만에 임대로 집을 구하고 살림을 장만하여 선교지에서의 삶이 시작되었다. 처음에 선교지에 올 때는 둘째도 같이 오기로 했는데 초등학교 때 필리핀에 다녀온 경험으로 아프리카는 살 곳이 못 될 거라는 생각이 들어서인지 청주에서 서울로 가려는 시점에 잠적해 버렸다. 밤새 찾으러 다녔지만 숨어버린 아들은 찾을 수가 없었다. 어쩔 수 없이 어머니께 기도 부탁과 함께 둘째 아들을 맡기고는 큰아들만 우간다로 데리고 왔다.

그 후 며칠 뒤 둘째가 엄마에게 전화해서 아빠 가셨냐고 묻고는 집으로 왔다고 한다. 이미 학교에는 중학교 3학년 자퇴서를 냈기에 다닐 수가 없었다. 아들은 아내에게 학교 안 가면 좋을 줄 알았더니 이렇게 심심한 줄 몰랐다는 이야기를 했다고 한다.

그해 8월 여름방학이 되어 셋째 아들이 이웃 선교사님과 단기선교팀이 오는 편에 오게 되었다. 그렇게 우간다에는 세 식구가 살고, 한국에는 아내와 네 식구가 나누어 살게 되었다.

몇 개월이 지나 막냇동생의 결혼식이 있어서 참석차 한국으로 들어왔다. IMF 상황에서 이사 컨테이너를 꾸려 우간다로 보내놓고 아내만 혼자 남아 어린이집을 운영하게 두었다. 한국에 있는 삼 남매를 우르르 데리고 우간다에 가게 되니, 아내가 없는 여섯 식구만 우간다에서 살게 되었다.

선교비가 제대로 후원되지 않는 선교지에서의 삶은 녹록지 않았다. 집세가 매달 밀리기도 하고 생활비가 채워지지 않아 삶이 곤고했다. 그리고 해가 바뀌고 새해가 되었지만 아이들에게나 나에게나 아내가 없는 자리가 너무나 컸다. 한국에 있는 아내도 안타깝고 이곳 자녀들도 안쓰러워서 속히 선교지에서 함께 있어야겠다는 생각을 했다.

그동안 한국에 있는 아내가 운영하던 어린이집은 IMF로 타격을 입어서 집세와 인건비 모두를 감당할 길이 없어 폐원할 수밖에 없었다. 우리에게는 적지 않은 어린이집 인수 비용을 날리게 되었으나, 이것도 지나고 보니 다 하나님의 은혜였다! 그렇지 않으면 선교비에 도움은 되었을지 몰라도 선교지에 합류하는 일이 더 늦어지고 어려웠을 것이다.

설상가상으로 이삿짐 컨테이너는 이삿짐 회사에서 두 달 정도 걸린다고 하였는데 18일 만에 항구도시인 케냐 몸바사에 도착했다는 연락이 왔다. 아직 컨테이너 청구서도 도착되지 않았는데 말이다. 이삿짐 회사에 급히 연락해 보니 서류가 도착했는데 몸바사에서 컨테이너 보관비가 3,900달러가 부과되어 우간다 캄팔라에 도착했다고 했다.

비용 3천여 달러가 모자라서 한국에 있는 아내에게 급히 연락했다. 아내가 신문과 월간지에 글을 기고해서 후원자에게 후원금을 받아 우간다로 송금을 했는데 그 은행이 부도가 나서 문을 닫는 일이 생기고 말았다. 사방팔방이 막히는 듯한 상황이 되었다.

이럴 때 하나님을 바라보라는 사인(sign)인 것을 애써 외면하고 있었다. 어려움은 각기 다른 방향에서 더 조여 오기 시작했다. 우간다 은행에는 돈이 안 들어왔다고 했고, 다시 한국에 역추적하였다. 확인한바 돈이 들어왔는데 우간다 은행이 부도가 난 것이었다. 아내가 보낸 이 돈은 당신의 뜻을 깨닫게 하는 하나님께서 보내주신 헌금이었다.

아내는 '이렇게 어려움이 계속되는 것이 하나님의 뜻일 리가 없는데 우리가 우리 마음대로 선교지를 간 것인가?' 하는 의문을 가지고 기도하기 시작했다. '정말 하나님의 뜻이 무엇인가?' 하는 마음으로 하나님의 뜻을 알고 싶어 하나님께서 말씀해 주시기를 기도하면서 어느 월간지에 우리 상황을 자세히 적어 글을 올렸다. 그러자 어느 집사님이 이 글을 20번도 더 읽고 전화해서 700만 원을 후원해 주셔서 보내온 돈이었다.

이 일 후에 아내는 아직 끝나지 않은 어려운 상황에서도 하나님께서 보내셨다는 확신으로 인해 마음의 평안을 찾았고 더 이상 요동하지 않게 되었다고 했다. 선교지는 정말 하나님만을 바라보지 않으면 살 수 없는 곳이다.

그러나 돈이 들어왔지만 우리가 거래하는 은행이 부도가 났다. 문을 닫은 우간다 중앙은행은 보상은커녕 있는 돈도 돌려주지를 않았다. 매일같이 찾아가서 독촉하고 독촉해도 감감무소식이었다.

나는 기도하고 앉아 있을 수가 없었다. 하나님이 바로 응답하시지 않으면 내가 뛰어다니면서 해결하려 하는 그런 믿음이었다. 이래서는 안 되겠다 싶어서 한국에 가서 돈을 마련해 와서 컨테이너를 찾아야겠다고 계획을 했다. 그래서 비행기 티켓 값을 선교사님께 빌려서 한국에 들어가게 되었다.

며칠이 지나지 않아 우간다에 있는 큰아들한테서 전화가 왔다. 컨테이너가 경매 처분되어 책만 조금 찾아왔노라고 전해 왔다. 어이가 없었다. 이렇게 컨테이너 사건은 종결이 되고 말았다.

내가 해결하려고 했던 일은 해결되지 못하고, 그렇게 컨테이너를 잃어버리고 끝이 났다. 만약 해결을 했으면 내가 해결하였다고 할 상황이었다. 그것을 하나님께서 막으시고 전적으로 하나님만 의지하고 바라보고 하나님께만 구하라는 사인을 정확하게 주셨다. 하지만 그럼에도 내가 먼저 튀어나가 해결하려는 믿음 없는 선교사의 모습이 바로 나였다.

3

우간다에서의 정착

처음 한국(김포공항)에서 출발할 때는 큰아들과 함께 한 청년이 영어 연수차 같이 오게 되었다. 공항에서 만나 그 부모님을 뵙고 인사를 드렸다. 아들을 부탁하셔서 셋이서 함께 오게 되었다. 캐세이 퍼시픽을 타고 홍콩을 경유하는 걸프항공으로 태국까지 왔다. 그곳에서 다시 갈아타고 무스카트, 오만을 거쳐 케냐에서 쉬었다가 엔테베 공항에 오니 어느 목사님께서 픽업해 주셨다.

엔테베 공항은 마치 시골 공항 같았다. 설상가상으로 엔테베 공항에서 수도까지 40km 정도가 포장공사 중이었다. 공사 구간을 지나, 비포장 길로 약 20km 정도를 달려 신학교 기숙사에 도착하게 되었다. 신학교를 설립한 배 목사님과 우리 교육선교회 김 목사님과는 이미 서로 MOU를 체결한 상태였다.

3일 만에 무튼데라는 지역에 미리 교수 숙소로 하려고 답사해 놓은 집이 있었다. 이때부터 어느 목사님과 사모님이 우리의 정착을 맡아 케어해 주셨다. 살림은 이사 가는 교민의 살림을 인수하였고, 머무를 집 계약을 하였다. 매월 30만 실링(우리 돈 25만 원)으로, 선불로 6개월 금액을 주고 계약하여 3일 만에 이사를 하였다.

당시 우간다는 통신 시설이 열악하여 전화를 신청하면 최소 1년에서 2년까지 걸려 설치하기가 어려운 상황이었다. 하나님은 우리를 위해 집도 예비해 주셨고, 더 감사한 것은 그 집에 유선전화가 설치되어 있다는 것이었다. 한 번 고장 나서 신고하면 적어도 3~4개월은 걸렸다. 신학교에서 한국에 연락을 하려면 시내에 나가서 팩스로 서신을 주고받는 것이 유일한 통신 수단이었다. 그런데 계약한 집에 전화까지 있으니 이건 대단한 프리미엄이었다. 정착금은 적지만 하나님의 은혜로 그렇게 세 식구가 살게 되었다.

또한 영어 연수차 온 다른 청년과 같이 지내게 되었다. 방은 세 개인데 네 식구가 된 것이다. 6월 15일에 도착해서 네 식구가 되었는데, 셋째 아들이 중학교 한 학기를 공부하고 방학 때 어느 신학교에 오는 단기선교팀과 함께 오게 되었다. 그렇게 아들들과 영어 연수 온 청년들까지 다섯 식구가 함께 생활하게 되었다.

식구가 많아지니 청소하고 빨래하고 도와줄 사람이 필요했다. 한 달에 급여 3만 실링을 주고 도와줄 사람을 구했다. 3만 실링이 적기는 하지만 당시 우간다에서는 커피 농장에서 한 달간 일해야 3만 실링을 받는다고 했다.

영어 연수 온 청년들은 10월과 11월 말에 한국으로 들어갔다. 그때 마침 막냇동생(12살 차이)의 결혼식이 12월 6일에 있었다. 경제적으로는 집에 갈 형편이 못되었다. 하지만 아무리 생각해도 아버지가 동생이 초등학교 5학년 때 돌아가셨는데, 어머니 혼자 막내아들 결혼식에 계실 것을 생각하니 마음이 편치 않았다. 12월 4일 출국해서 들어오는데, 한국은 이미 12월 5일 IMF로부터 받은 구제금융으로 부도를 막는 상황이 되었다.

12월 6일 막냇동생의 결혼식에 참석했다. 내가 못 온다고 생각했는데 참석하자 모두가 놀랐다. 우간다에 아들 둘만 두고 왔으니 마음이 편치 않았다. 결혼식을 마치고 둘째 아들과 쌍둥이를 데리고 들어오게 되자, 아내만 홀로 두고 자녀들과 함께 여섯 식구가 우간다에서 생활하게 되었다. 둘째 아들은 중학교 3학년 말, 쌍둥이는 초등학교 6학년 말이 된 시점이었다.

그때 욕심이 많아서 이삿짐을 컨테이너로 준비하고 같이 사역할 전도사님 두 분과 함께 오게 되었다. 두 전도사님은 한국어린이교육선교회의 파송선교사로, 한 분은 음악에 소질이 있고 또 한 분은 농업(종묘)에 소질이 있었다. 셋이서 사역하면 좋겠다는 생각으로 동행하게 되었다.

그런데 그들은 매사에 생각과 의견이 달랐다. 그래서 결국 6개월 만에 선교를 포기하고 귀국하게 되었다. 안타깝긴 해도 그 일을 겪으며 한 가지 교훈을 얻었다. 선임선교사는 동역할 선교사를 부르는 일에 신중해야 함을 깨닫게 되었다.

4

사역의 시작

아버지인 내가 한국에 가고 없는 동안 다섯 자녀들은 아버지와 어머니가 오기를 고대하며 지내게 되었다. 이제 아내와 함께 선교지에 오게 되면서 뒤돌아보니, 하나님의 명령대로 온 가족이 믿고 우간다에 왔어야 한다는 것을 깨닫게 되었다. 인간의 생각으로 나누어 선발대니 후발대니 하다가, 어린이집 인수한 것도 하나님이 거두어 가시고 컨테이너도 거두어 가시니 두 가지 모두 실패하고 만 것이다.

그러다 우연히 어떤 선교사님이 운영하던 학교가 폐교된 지 2년이나 된 현장을 보게 되었다. 그 학교는 4에이커(1에이커는 약 1,200평)의 부지에 초벌구이 흙벽돌로 벽을 쌓고 함석으로 지붕을 한 건물로 미장도 안 하고 개교한 학교였다. 무료로 학교를 운영하다가 여러 가지 사고가 나서 선교사님이 폐교하고 방치한 지 2년이나 된 학교였다.

기도하면서 이 학교를 살려야겠다는 확신이 들었다. 본회장님께 말씀드렸는데, 학교를 인수받기로 했다. 그동안 정지되었던 NGO를 부활시키는 데 1년이 넘게 걸렸다. 우선 교실 세 칸 미장 공사를 하고 책상을 정리하고 초등학교 1~3학년만 모집한다고 광고를 했다.

처음에는 14명이 등록하였고, 선생님 한 분을 모셔서 개교를 하게 되었다. 학교가 개교했다는 소식이 입에서 입으로 전해지니 35명이 더 등록하여 50명으로 늘어났다. 선생님 두 분을 더 모셔서 학년별로 담임을 맡기니 학생이 70여 명으로 늘었다. 이렇게 선생님 세 분을 모시고 BUZI Christian School이 시작되었다.

내가 거주하고 있는 집에서 학교까지는 약 25km 정도가 되는데, 매일 아침 7시 30분에 출근해서 노선버스인 마따뚜(승합차)를 두 번씩 갈아타고 마따뚜에서 내려서도 약 1km쯤 되는 언덕길을 걸어서 출퇴근해야 했다. 그렇게 차 없이 10여 년을 출퇴근하며 학교를 운영했다.

그동안 학교 사역은 점점 많은 학생들이 모여들어서 150여 명으로 늘었고, 전 학년 8반으로 늘릴 수밖에 없었다(유치원과 초등학교 7학년까지 있다). 사역하며 모든 일이 하나님이 함께하셔야만 가능하고, 우리가 아무리 계획을 잘 세우고 노력해도 헛수고인 것을 깨닫게 되었다.

학교 운영은 여러 가지로 어려웠다. 학생 수는 점점 늘어나는데 실력 있는 교사를 채용하기가 쉽지 않았다. 교사 훈련학교 2년 과정을 마치고 오는 선생들의 성적증명서를 보면, 이런 실력으로 학생들을 가르칠 수 있을까 염려가 되기도 한다. 그렇지만 변두리 학교에서 실력 있는 교사를 채용하기란 쉬운 일이 아니었다. 그보다 더 근본적인 것은 주 5일 수업인데 비만 와도 늦고 예고 없이 선생님이 결근하니 어찌하겠는가? 사명감 있는 교사들이 귀한 곳이다.

하는 수 없이 출근부와 퇴근부를 만들어놓고 출석을 독려할 수밖에 없었다. 선생님들께 무단 결근하면 월급에서 일부를 공제하겠다고 여러 번 경고했는데도 4일이나 결석한 교사가 있었다. 2일은 사정을 인정해주고 2일은 결석한 벌로 월급에서 공제를 했더니 8명의 교사가 2시간 동안이나 가지 않고 불만을 제기하는 게 아닌가! 하지만 그렇게 하고 나니 그다음부터는 결석이 없어졌다. 야박한 조치였지만 교사들의 결근하는 버릇은 그렇게 고쳤다.

오랜 식민지 생활에서 습관이 되어버린 거지 근성과 자립심의 결핍……우간다 사람들이 빨리 벗어나야 하는 것들이다. 아직 미숙한 우리들은 이들을 돕기보다는 저들을 고치기를 바라는 마음이 앞선다.

또 한 가지 문제는 학생들의 급식 문제다. 교사들에게는 점심 식사를 제공했는데 학생들 200여 명을 먹이는 문제는 경제적으로 해결하기가 어려웠다. 어려서 배고픔을 경험했기에 점심을 먹지 못하는 학생들을 보면 내 마음이 아파왔다. 어려서의 아픔이 저들을 돕는 재료로 사용되니 그것도 선하게 사용하시는 하나님의 은혜가 놀라울 뿐이다.

기도하던 중에 어느 지인의 후원으로 학생들에게 급식을 하게 되었다. 옥수수 가루와 강낭콩 종류로 점심을 제공하니, 학교에 사탕수수로 점심을 대신하던 학생들이 사탕수수를 씹어서 뱉어놓은 지저분한 쓰레기를 볼 수 없게 되었다. 이렇게 주님께서 배고픈 어린이들을 먹이셨다.

그때까지도 하나님은 우리들에게 자동차를 허락하지 않으셨다. 보다보다(오토바이)를 불러서 50kg짜리 옥수수 가루 두 포대를 싣고 가면 오토바이가 어찌나 힘들어하는지 그것도 쉬운 일이 아니었다. 그래도 자식 같은 200여 명이 배부르게 먹을 것을 생각하면 힘이 솟았다. 점심시간에 성구를 암송하며 줄 서 있는 아이들이 행복해 보였다. 그들이 참 귀하고 예뻤다!

어렵게 교실 벽을 바르고 칠판을 시멘트로 바르고 페인트를 칠하여 만들고, 교실의 형태는 갖추어졌는데 여기저기 낡은 것들을 보수해야만 했다. 그때 마침 파송선교회로부터 자금을 지원받게 되어 전에 쓰던 책걸상을 사려고 알아보니 너무 비싼 것이 아닌가. 결국 나무를 사서 내가 자녀들과 함께 손수 만들기로 했다. 그렇게 나무와 전동 톱을 사고 재료를 준비하여 책상을 만들기 시작했다. 아빠는 재단을 하고, 자녀들은 샌드페이퍼로 문지르고, 아내는 니스를 칠하고……. 온 가족이 동원되어서 몇십 개의 책상과 의자를 만들었다.

만든 책걸상을 싣고 학교에 도착해 교실에 책상을 내려놓으니, 학생들과 선생님들이 환호하며 기뻐하였다. 후원해 주신 선교부로부터 선교비를 받아서 이룬 일이지만 참으로 보람 있는 일이었다.

교실 벽도 미장을 했고 책상도 있는데, 벽에 페인트칠을 하는 일이 남아 있었다. 또 기도할 수밖에 없었다. 그리고 적은 돈이지만 후원을 받아서 페인트칠을 할 수 있었다. 하나님은 그렇게 여러 사람들을 동원하시어 동역자로 함께 가기를 기뻐하시는 것 같다. 선교사는 건축, 목수일, 경영까지 여러 가지 일을 다 할 수 있어야 할 것 같다.

5

생각과 견해의 차이

　현지 일꾼들은 참 기술도 부족하고 센스도 없는 것 같다. 페인트공이 수평을 못 잡는다. 왼쪽과 오른쪽이 5cm도 넘게 기울었어도 아랑곳하지 않고 태연하게 작업을 한다. 시정을 하고 또 해도 어찌나 고집이 센지 감당하기 어려운 사람들이다. 여러 가지로 마음에 썩 들지는 않아도 페인트까지 칠하였으니, 공사가 어느 정도 되어서 건축 분야는 그냥 두고 사용하기로 하였다.

　학교는 그런대로 운영이 되는데 문제는 교과서가 문제였다. 선생님들과 학생들의 교과서가 없었다. 그냥 관습대로 대강 가르치고 넘어가는 것이 안타까워 교재를 구입하기 위해 서점에 갔다. 그동안 교재가 너무 비싸서 구입하지 못했다가 수백만 실링을 들여 교재를 구입했다. 교사들 교재를 구입하고 학생들은 두 명이 한 권을 사용할 수 있도록 교과서를 구입하여, 우간다에서 그래도 교재가 있는 좋은 학교가 되었다.

　교무실에 책장을 비치해 놓고 교과서는 학생들이 사용한 후에 반드시 교무실로 반납하도록 했다. 하지만 그것을 감독하는 일은 쉬운 일이 아니었다. 교과서가 자주 분실되었기 때문이다.

그럼에도 학교 건물이 새로워졌고, 교재도 갖추었고, 점심 식사까지 제공하는 학교로 발전했으니 더 무엇을 바라랴! 그때부터 지역에 있는 학교들이 체육대회다 뭐다 해서 모임이 잦아졌다. 우리 부지 크리스천 스쿨은 지역학교 연합행사에 적극적으로 참여하였다. 우물 안 개구리 같은 학생들에게 시야를 넓혀 이웃 학생들과 학교의 모습들을 보여주는 교육이 중요하기 때문에 전폭적으로 지원하게 되었다.

현수막 피켓을 만들어서 들려 보내고 적극적으로 학교를 홍보하게 되니 교사들과 학생들의 사기가 충천되었다. 수업도 물론 중요하지만 지역학교 행사나 이웃 학교와의 관계도 매우 중요한 일이기에 비용이 들어도 적극적으로 참여를 독려하게 되었다.

우간다는 주 5일 수업제다. 그래서 금요일 오전은 채플 시간으로 예배와 성경공부를 할 수 있다. 교실 4칸으로 만들어진 채플실에 전교생이 모이면 장관이다. 2백 명이 넘는 학생들이 수업을 중단하고 오전 시간에 모두 모여 채플 시간을 가지며 그때 하나님의 말씀을 전할 수 있는 것이 우간다의 장점이다.

아침에는 먼저 교사들이 수업을 하기 전에 모여서 성경을 읽고 기도한다. 짧고 간단하게라도 예배를 드린 후 수업에 들어가는 것이다. 우간다에 크리스천들이 많다고는 하지만 말씀이 너무 부족하다. 성경을 처음부터 끝까지 읽은 교사가 없었는데, 매일의 양식으로 교사들이 성경을 읽고 말씀을 배워가니 큰 도전을 받는다고 했다.

또 주일에는 채플실이 교회가 된다. 현지인 파스터(전도사)를 모셔서 주일은 교회(플라워가든교회)로 예배 모임을 갖게 했다. 교사들과 고학년 그리고 학부모와 현지인들이 예배드리는 장소로 활용하게 하여 사실 교회가 개척되게 한 셈이다. 그렇게 평일에는 학교, 주일에는 교회로 점점 성장 발전하는 학교가 되었다.

학교 사역의 에피소드

에피소드 1

교장선생님의 건의가 들어왔다. 왜 선교사가 하는 학교에서 수업료를 징수해야 하느냐고 항의했다. 선교사가 할 일은 부지를 매입할 때나 건물을 짓기 위해 목돈이 필요할 때 돕는 일이라고 했다. 그러자 건물이 중요하냐, 사람이 중요하냐고 반문했다.

건물보다 사람이 중요한 것은 선교사들이 다 잘 알지만 현지인들이 못하는 부분인 부지 매입과 건축하는 일에 선교사들이 헌신했으면 경상비는 학생들이 학비를 내서 운영해야 한다고 얘기하였다. 언제까지나 공짜로 선교사들이 해주기만 바라다가 만약 선교사들이 손을 떼면 그때는 어떻게 운영할 것이냐고 물었다. 이어서 학생과 학부모의 의무에 대한 자립심을 키우기 위한 수단으로 최소한의 학비를 책정하여 학교를 운영하려고 애썼다고 설명하였다.

물론 교사들 급여나 소모품은 운영비로 다 충당되는 것은 아니지만 우리 학교는 우리가 운영해 나간다는 자부심을 가지기를 바란다고 역설했더니 수긍하였다. 우간다는 영국의 지배를 받은 나라이기 때문인지 의타심이 강해 자립심을 기르는 문제가 큰 관건이다.

에피소드 2

미장 공사를 할 때의 일이다. 시멘트가 1포대밖에 남지 않아서 미장공에게 아침에 오자마자 1포대로 미장 공사를 하고 있으면 시멘트를 사 가지고 오겠다고 말하였다. 아침에 건축 재료상에 가서 시멘트 30포대를 싣고서 20여km 거리에 있는 학교에 10시경에 도착했다. 그런데 미장공이 그때까지 공사 시작도 안 하고 놀고 있는 것이었다. 공사를 지휘 감독하는 선교사가 없으니 작업도 안 하고 있었던 것이다.

얼마나 화가 나던지 "당신 같은 사람은 우리 공사를 할 필요가 없으니 오늘 이 시간 부로 그만두시오" 했더니, 두말없이 교실에 가서 작업복을 갈아입고 가방을 들고 집으로 돌아갔다. 그런데 잠시 후 경비 아저씨가 교실에 들어갔다가 나오더니 괭이자루를 들고 나오면서 괭이 날이 없어졌다고 하였다. 그래서 자전거를 타고 따라가 보라고 했는데, 얼마 못 가서 만나게 되었다.

가방을 열어보라고 하니까 열어 보이는데 거기에 괭이 날이 나오는 것이 아닌가! 뻔뻔하게 "이게 왜 여기에 있지?" 하면서 의아해하는 눈치였다는 소리를 듣고 어이가 없었다. 하루 인부의 품삯 정도가 되는 괭이 날을 가져가다가 들켜도 태연한 모습을 보면서, 자기 잘못을 인정하지 못하고 늘 변명만 하는 우리의 모습 같다는 생각을 했다.

현지인들의 모습에서 우리 자신의 모습이 보이는 것 또한 하나님의 은혜이다. 언제쯤 이들의 성실함과 진실함이 생활의 변화로 나타날까를 생각하면서 '내가 바뀌면 저들도 바뀔까?' 하는 생각을 해본다. 아득하게 느껴지지만 성령님으로서는 가능하다는 말씀을 믿고 기다리는 수밖에!

에피소드 3

학생들의 등록금을 교사가 가로채는 일이 생겼다. 학생들이 등록금을 내면 영수증을 발행해 주고 있는데, 한 학생이 수업료를 냈다는 것이다. 언제 누구에게 냈는가를 물어보니 선생님한테 냈다고 했다. 결국 선생님과 학생을 대면해 보았더니 선생님이 학생의 수업료를 중간에서 가로챈 것이다. 무려 그 액수가 200,000실링에 버금가는 금액이었다.

교사가 월급보다 더 많은 금액을, 여러 학생들의 수업료를 중간에 가로챈 것이다. 하는 수 없이 그 선생을 해고하고 새로운 선생을 모셨다. 삶이 어려운 이들에게 경제적 유혹은 가장 큰 유혹이 아닌가 생각한다.

에피소드 4

　우간다는 졸업식을 하지 않고 스피치데이라고 하는 행사를 가지는데, 이때 전교생들이 학부모들을 모시고 학생들의 발표회를 하는 것이다. 발표회는 졸업생 발표와 연극, 합창단의 노래와 장기자랑과 선생님의 설교 등 다양한 프로그램으로 진행된다. 점심을 준비하여 함께 먹으며 즐기는 즐거운 시간이기도 하다.

　전기가 없는 관계로 앰프와 발전기를 빌려다가 스피커(유닛)를 세 개나 설치하여 성대하게 행사를 잘 마치고 나머지 잡무를 교사들에게 맡기고 돌아왔다. 그런데 이튿날 학교에 출근해 보니 스피커(유닛) 세 개 중 두 개가 없어진 것이다. 너무 마음이 상하여 그냥 돌아오고 말았다. 많은 돈을 들여 온 동네를 위한 행사를 하고 난 후라, 적잖이 마음이 상한 게 아니라 배신감마저 들었다. 집에 오자 '행사를 마치고 정리까지 하고 왔어야 하는데 피곤하다고 먼저 집에 온 내가 잘못이지 그들에게 무슨 죄가 있으랴!' 하는 생각이 들었다.

　그런데 며칠이 지나고 나니 그 사건의 내막이 드러났다. 7년 이상 함께 일한 교사가 스피커(유닛) 두 개를 훔쳐다가 자기 침대 밑에 감추어 두었다가 발각된 것이다. 이런 교사를 어찌하랴! 이럴 때 선교사는 실망하고 '내가 이제껏 무엇을 하였나?' 하는 자괴감이 든다. 그 교사는 그 후에 더 이상 볼 수가 없었다.

에피소드 5

 교사들의 실력이 어느 정도인지 정말 기가 막힌 적이 있다. 시험을 보고 성적표를 냈는데 계산이 틀린 것이다. 틀렸다고 교사에게 말했더니 하는 말이 '인간은 누구나 실수를 한다'는 것이다. 기가 막혀 말이 안 나온다는 말을 이 사건을 통해 진정 이해할 수 있었다.

 이 밖에도 상식에 어긋나는 일이 한두 가지가 아니었다. 이것이 문화 차이일까? 다 기록하려면 지면이 부족할 것이다.

6

학교의 발전

학교는 점점 소문이 나면서 성장해 갔다. 교재도 있고 점심 또한 제공하며 모든 연합행사에 적극적으로 참여하면서 학교의 위상은 높아만 가는데, 교사들의 질적인 문제가 큰일이었다.

학교 경계와 운동장과 기숙사(교사 숙소) 사이에 심은 나무도 울창하게 자라고 있었다. 속성수를 심은 까닭에 벌써 우거져서 제법 역사가 있는 학교처럼 아름답게 규모가 갖추어져 갔다. 함께 나무를 심으면서 학생들도 학교를 사랑하게 하고, 나무 한 그루 심는 것이 나라를 사랑하고 학교를 키워가는 일이라는 것을 교육하고 싶었다. 심은 나무가 자라가듯 학생들이 하나님을 아는 지식과 지혜도 자라가기를 기도해 본다.

교실도 깨끗하게 되었고 운동장도 축구장, 농구대, 배구장으로 만들어서 지식과 체력을 겸비한 학생들로 자라가고 있었다. 남학생들은 축구를 얼마나 좋아하는지 축구공을 차다 농구공을 줘도 발로 차고 심지어 배구공까지도 발로 찼다. 축구 경기를 할 때면 학생들에게 등걸이 축구 유니폼을 입혀주었는데 좋아 보이지 않았다. 선교부에 요청하여 축구 유니폼을 한 팀에 30벌씩 60벌을 후원받아 축구할 때마다 입혀주었다. 정말 멋있고 학생들도 어찌나 좋아하는지, 우리 학교에 온 것을 자랑스럽게 생각하고 있었다.

가끔은 학생들과 같이 축구도 하면서 놀아주니 학생들도 좋아하고 선생님들도 함께 좋아하였다. 이것이 어린이 교육을 하는 선교사의 보람이 아니겠는가! 이런 것은 언어가 아닌 삶으로 교육이 되는 것 같다. 선생님들도 학생들과 축구도 하고 배구도 하면서 스스럼없이 서로가 서로를 알아가는 전인교육이 이루어지고 있었다.

그 사이 NGO도 정상적으로 등록되었고, 교실도 충분하고, 학생들은 교재를 가지고 공부하였다. 학교 채플실을 주일에는 고학년과 지역교회로 사용하고 있고, 점심 식사를 제공할 주방 시설을 만들었고, 운동장도 축구 경기를 할 정도로 충분했다. 이만하면 우간다 어린이교육선교회로서 규모를 갖추었으니 누가 오더라도 사역할 만한 여건이 갖추어졌다고 생각하고 선교사를 요청했다. 선교부에서 선교사 한 분을 파송해 주셔서 아주 성실하게 학교를 운영하고 교회를 담임하여 잘 운영하고 계신다.

여기까지가 부지 크리스천스쿨과 플라워가든 처치가 내 손에서 완전히 넘어가게 된 이야기이다. 자랑 같은 선교부의 시간이 10년이 걸렸다. 모든 것을 내려놓고 나니 마음이 홀가분하였다. 그리하여 다른 사역, 빅토리아 호수에 있는 섬 사역만 할 수 있도록 하나님께서는 새로운 길로 인도하셨다.

7

섬 사역의 시작

　학교는 내 손에서 놓게 되었고 그때부터 섬 사역에 전념할 수 있게 되었다. 처음에는 빅토리아 호수 안에 있는 닝기라라는 섬에서 사역하게 되었다. 닝기라 섬에는 예수전도단 캠프가 있어서 그곳을 숙소로 정하고, 예수전도단에서 제일 끝에 있는 카퉁가라는 조그만 교회를 섬기게 되었다. 주일학교 학생들의 부교재 노트와 연필 등을 지원해 주기도 하고, 옷들이 얼마나 낡았는지 구제품 옷이 20kg 한 뭉치에 20만 실링 정도 하는데 티셔츠만 약 150개 정도 들어있는 옷 뭉치를 사서 제공하기도 했다.

　각 나라에서 구호품 옷을 수거하여 세탁하고 분류해서 20kg 세트로 해서 팔고 있는데, 한 뭉치를 사면 150~200개 정도 되었다. 가방에 담아 1.5km 정도 되는 짐을 지고 카퉁가 교회로 걸어서 가다 보면 땀이 비 오듯 했다. 정작 내 옷은 땀으로 범벅이 되지만 아이들이 즐거워하는 것을 보면서 보람을 느끼고, 외국인 선교사가 자기 동네에 오는 것을 자랑으로 여길 정도가 되었다.

　카퉁가 교회는 성도가 20여 명 되는데 우리가 한 달에 한 번씩 가면 7~80명의 어린이들이 모였다. 성경공부도 하고, 교재도 받고, 헌옷이지만 옷도 입혀주고 하니까 우리를 기다리게 되는 걸까? 하나님 말씀을 듣고 싶어 기다리는 것일까? 복음이 복음으로 그들에게 들어가 자리 잡기를 바라는 선교사의 안타까운 마음이 있다. 부족한 언어로 너무 많은 욕심을 부리는 것일까?

그러나 언어만으로만 복음이 전달되는 건 아닐 것이다. 우리의 가진 모든 것으로 복음이 잘 전달되기를 노력하리라!

8

다른 섬으로

　그러던 어느 날 닝기라 섬에 건축을 하는 파스터(전도사)가 나미티 섬에 대해 이야기했다. 닝기라 섬은 진자에서 배로 1시간 10분 정도 걸려서 예수전도단 캠프가 있어 외국인이 자주 오는데, 자기네 섬인 나미티 섬에는 외국인이 온 적이 없다고 했다. '여기보다 더 열악한 섬이 있다는 말인가? 그리고 외국인 선교사를 요청하는 곳도 있다는 말인가?' 하는 생각에 한번 가 보기로 했다.

　약속을 한 날 배를 가지고 와서 기다렸다. 카퉁가 교회에서 2시에 만나 가기로 약속했는데, 3시가 지나고 4시가 지나고 5시가 되어도 소식이 없었다. 그때는 모바일 전화기가 없던 시대라 연락할 방법도 없고 마냥 기다리는 수밖에 없었다. 6시가 되어서 이젠 틀렸다 싶어 돌아오려는데, 저기서 손짓하며 배 한 척이 오고 있었다.

　사연을 들어보니 엔진이 고장을 일으켜 고쳐서 오느라 늦었다는 것이다. 열악한 섬의 배들인지라 이해가 되었다. 그렇게 6시 30분쯤 배에 올라 나미티 섬으로 4명이 배를 타고 달려갔다.

바람이 불고 파도가 쳐서 물보라에 옷은 다 젖고 마른번개까지 치니 기도가 저절로 나왔다. 1시간을 달리고 2시간을 달려도 목적지가 보이지 않았다. 3시간쯤 달려오니 어두워지는데 저 멀리 불빛이 보이기 시작하는데, 가도 가도 불빛이 가까이 보이지 않았다.

4시간쯤 달려 섬에 도착했는데 섬이 온통 캄캄하였다. 아까 보이던 불빛은 무엇이냐고 물으니 술집에서 발전기를 돌려 불빛이 있는 것이라고 했다. 10시가 넘어 도착한 곳이 나미티 교회 파스터(전도사)의 사택이었다.

우간다 티를 한 잔씩 주더니 숙소인 예수전도단 캠프로 가자는 것이다. 그때부터 자기 섬이라고 말하던 목수인 파스터 부인이 반찬 하나를 가지고 오고 2~30분 있다가 밥이라고 가져오고, 또 2~30분 후에 반찬 하나를 더 가지고 오고 그렇게 1시간여 만에 저녁상을 받으니 11시가 넘었다. 그도 그럴 것이 숯불을 피워 반찬을 한 가지씩 하고 그 불에다 다른 반찬을 하고 밥을 하려니, 1시간은 더 걸려야 한 끼 밥을 할 수 있는 것이다. 우간다인들의 삶이 몸으로 느껴지는 시간이었다.

12시가 다 되어서야 잠자리에 들 수 있었다. 어찌나 긴장하며 기다렸다가 쪽배를 타고 물보라와 함께 시달렸는지, 파김치가 되어 잠자리에 들었다. 그렇게 첫 밤을 보내고 아침에 일어나 보니, 섬이 얼마나 평화롭고 아름다운지 몰랐다. 지금도 그 기억이 생생하게 감격으로 밀려온다. 그때부터 그 섬에 와서 그곳 사람들에게 작은 위로가 되기를 소망하며 사역지로 삼아야겠다고 마음먹었다.

우리를 초청한 파스터는 나미티 예수전도단 캠프 옆에 살고 있었다. 그 파스터의 교회는 15분쯤 더 가야 되는 키레웨라는 섬에 있다고 했다. 우간다 교회는 대부분 열악해서 사례비로 교역자를 대우하고 모시는 일이 쉽지 않다. 그래서 부업(two Job)을 하지 않고는 많은 자녀를 키우며 생활하기가 어려운데, 그는 목수 일을 한다고 했다. 그러니 언제 양들을 위해 말씀을 준비하여 목양할 수 있겠는가?

하나님이 보내주신 사역지로 믿고 지금까지 나미티 섬과 키레웨 섬을 섬기게 되었다. 섬긴다고 해도 한 달에 3~5일 정도 다녀가는 섬김이었다. 예수전도단에서 운영하는 클리닉에서 방 하나를 2~3일 정도 사용하고 어린이들을 만나 말씀을 전하는 일이 사역의 시작이었다. 초등학교 어린이들에게 말씀을 전하고, 주일이면 교회에 오는 주일학교 어린이들에게 말씀을 전하고, 그 후에 에이즈 환자들이 많은 것을 보고 그들에 대한 사역도 시작하게 되었다.

9

인간의 어리석음

　그동안 한국에 있는 아내에게는 무슨 일이 있었나? 어린이집을 인수하여 운영하면서 선교비를 충당해 주기를 바랐는데, 문제가 생겼다. IMF로 경제가 어려워지니 모두들 긴축 재정을 했고, 제일 먼저 오는 타격이 어린이집에 보내던 아이들을 안 보내는 것이었다. 수십 명이 되던 어린이집의 아이들이 점점 줄어드는데 인수하는 사람도 없고 보증금과 월세 그리고 인수할 때 들어간 권리금까지 몽땅 날려 어린이집이 부도난 상태가 되었다.
　이를 통해 한 가지 큰 교훈을 얻었다. 목사(선교사)는 성경에 있는 이스라엘 백성이 요단을 건널 때 법궤를 멘 제사장들의 발이 요단강을 밟을 때 갈라졌던 것처럼 하나님을 믿고 무조건 선교지로 가야 한다는 것이다. 나는 그렇게 하지 못했다. 하나님의 역사가 아닌 인간의 생각인 선배 선교사의 조언을 선택했다. 선발대로 나가서 정착을 준비하고 나머지 가족이 나가는 것이 경험으로 보아 좋지 않으냐는 말에 솔깃해 믿고 따랐던 것이다. 그렇다가 결국 경제적으로도, 심적으로도 큰 낭패를 본 것이다.
　우여곡절 끝에 마지막으로 아내를 데리고 들어왔다. 선발대가 나간 지 2년이 다 되어서야 아내와 함께 온 가족이 모이게 되었다.

10

이삿짐 컨테이너 사건

우간다에 들어가 보니 물건값이 보통 비싼 게 아니었다. 꼭 필요하기도 했고, 한국에서 큰돈 안 들여도 살 수 있고 어린이집에 있고 그동안 목회하면서 모아둔 책도 많았다. 이삿짐 컨테이너에는 세금을 안 물기 때문에 욕심껏 컨테이너 40피트를 준비했다. 같이 가는 전도사님이 중고 그랜저 자동차를, 나는 중고 프라이드 승용차를 싣고, 피아노 2대, 발전기 2대 등 컨테이너에 실을 수 있는 대로 학교 사역에 필요한 물품들을 가득 실었다.

컨테이너 비용도 회사에서 2개월 걸린다고 해서 일부만 지급하고 잔금은 후불로 지불하기로 하고 컨테이너를 보냈다. 그런데 문제가 생겼다. 두 달 걸린다고 한 컨테이너가 18일 만에 몸바사 항구에 도착했다는 것이다. 부랴부랴 이삿짐 회사에 연락해서 비용을 지불하고 서류를 DHL로 보내서 받았다. 그런데 수속을 하고 컨테이너가 우간다에 도착하니 몸바사에서 보관된 기간이 39일이나 되어 하루에 100달러씩 3,900달러를 물고 들어온 것이다.

은행 잔고를 보니 2,400달러밖에 없었다. 고국의 아내에게 연락해서 1,500달러가 더 있어야 한다고 하니 1,500달러를 송금해 주었다. 그런데 설상가상으로 우간다 중앙은행에서 여섯 개 은행이 문을 닫았는데, 우리가 거래하는 은행이 부도가 나서 문을 닫고 말았다. 돈은 내주지 않고 잔고를 확인하니 2,400달러라고 했다. 그럴 리가 없다고 1,500달러가 더 들어왔다고 하니까 아니라며 한국에서 역추적해야 한다는 것이다.

며칠 걸려 역추적하니 은행을 문 닫을 즈음에는 기록이 안 되었고 미국 은행에서 좀 늦게 들어왔다고 확인해 주었다. 그러면 뭐 하는가? 3,900달러를 문 닫은 중앙은행에서도 안 주는데……. 컨테이너 회사에 가서 물건을 찾겠다고 비용을 준비 중이라고 매주 가서 확인을 하였다. 자동차 2대는 볼 수 있게 보관하고 있고 나머지 짐은 20피트 컨테이너에 보관 중인 것을 확인시켜 주었다.

통상 그렇게 되면 6개월에 컨테이너를 경매 처분하는데 1년을 끌어왔다. 아내도 IMF 시대에 어쩔 수 없었는지 소식이 없었다. 어렵게 비행기 표를 마련하여 한국으로 갔다. 어떻게 해서라도 3,900달러를 마련해야 하기 때문에 들어왔는데 며칠 안 되어 아들한테서 전화가 왔다. "아버지, 섭섭해하지 마세요. 컨테이너가 경매 처분되었어요." 기가 막혔다. 어떻게 보낸 컨테이너인데……. 거기에는 사역에 필요한 물품이 다 들어있는데 얼마나 마음이 상하던지 지금까지도 생각만 하면 기가 막힌다. 결국 컨테이너는 경매 처분되고 책만 조금 건졌다고 했다.

11

어려웠던 우간다로의 귀환

아내를 데리고 들어와야 하는데, 비용이 만만치 않았다. 어린이집은 몽땅 반납하고 빚만 잔뜩 진 셈이다. 아내의 편도 비행기 표를 사고, 내 비행기 표는 우간다에서 샀으니 우리에게는 가는 비행기 표만 있는 셈이었다. 그런데 홍콩에서 문제가 생겼다. 돌아오는 비행기 표가 없으면 탑승할 수 없다고 하는 것이다. 어떻게 해야 되는 것인지 영어는 안 되고 못 알아듣겠다고 하니까 전화를 걸어주면서 한국말로 이야기하라고 했다. 돌아오는 비행기 중간 기착지까지라도 끊어야 한다고 하면서 시간이 없다고 했다. 난감했다. 그러면 얼마를 주면 되느냐고 하니 1,000불을 내란다. 하는 수 없이 1,000불을 지불했다.

그런데 안내하던 직원이 어서 뛰어야 한다고 하면서 먼저 뛰길래 급히 뛰어서 따라갔더니 잔돈과 무슨 표를 주고서는 얼른 타라고 했다. 겨우 비행기를 타고 보니까 비행기 표도 아니고 홍콩 달러 몇 장이 전부였다. 영어를 잘 못하는 관계로 한국말 하는 자기 직원을 연결해 주고 사기를 친 것이다. 보기 좋게 속임수에 넘어가 사기를 당한 것이다.

12

자녀들이 나보다 낫다

　사역을 하다 보면 마음 상하는 것이 한두 가지가 아니다. 화가 나서 혼잣말로 현지인들을 욕하면 큰아들이 "아빠, 이 사람들이 다 잘하면 아빠가 여기 무슨 필요가 있어요?" 하는 것이다. 듣고 보니 그렇다. 말도 못하고 속으로 '그래, 네가 나보다 낫다'라고 생각했다. 그렇게 자녀들을 통해 하나님은 늘 말씀하시고 계셨다. 그러던 큰아들이 지금은 목사가 되어 교회를 섬기는 목회자가 되었다.

　또 뭐가 필요할 때 "컨테이너에 있었는데……" 하고 아쉬워하며 마음 아파하면 둘째가 "아빠, 어차피 누군가에게 주려고 가져온 것 아니에요? 일찌감치 줬다고 생각하고 잊어버리세요!"라고 한다. '그도 그렇지. 네가 나보다 낫다.' 그렇게 주님은 아이들을 통해 나를 위로하시곤 하셨다. 그러던 작은아들은 작은 가게를 운영하는 사업을 하고 있다. '배짱이 아빠보다는 크지…….' 역시 아빠보다 배짱과 믿음이 큰 아들이길 바란다.

　나는 우간다에 25년간 있으면서 탄자니아도 한 번 못 가봤다. 마음 같아서는 잔지바르도, 킬리만자로도 가 보고 싶지만 가 볼 엄두도 못 내는데 셋째는 아프리카 횡단 여행도 계획하고 실천한 아이다. 나이지리아 대우건설에서 2년을 근무하고 랜드로버 지프차를 사서 여행 장비 카메라, 컴퓨터 등 심지어 펑크를 때우는 도구까지 다 장만했다.

나이지리아에서 출발해서 카메룬에 있는 지인 선교사님 댁에 들러 점심 대접을 받고 콩고를 거쳐 가는데 중간에 문제가 생겼다. 콩고는 분지가 많아 길이 막혀서 공군 수송기를 섭외하여 차를 수송기에 태우고 날아가서 나미비아까지 왔다. 그런데 슈퍼에 들어간 사이 누군가 차 유리를 깨고 카메라, 컴퓨터, 여행 중에 만난 친구 가방까지 가져간 것이다. 가방은 여권과 함께 찾았지만 차를 고칠 수도 없어서 유리가 깨어진 채로 잠비아, 탄자니아를 거쳐 우간다까지 왔다. 그래도 아프리카 육로로 횡단 여행을 기획하고 진행하는 것을 보면 비록 완주는 못했어도 아빠보다는 낫다.

넷째(쌍둥이 중 첫째)는 어떤가! 미국에서 대학 공부를 하기로 하고 비행기 티켓만 해주었는데 가서 아르바이트를 하며 열심히 공부했다. 네일 아트, 일식집 서빙 등으로 학비와 기숙사비를 조달하다가 2년을 마치고 예수전도단 D.T.S. 훈련에 들어가 훈련받고 인도에 가서 아웃리치를 하고 있는 중에 학부 때 알바를 하는 것은 불법이라는 깨달음이 왔다고 한다. 그 길로 그냥 한국으로 와서 혼자 아르바이트하며 한동대에 편입하여 졸업하고 결혼하고도 대학원에 진학하여 공부하고 있다.

죄라는 것을 알면 결단하고 버리는 딸을 보며 참 하나님이 기뻐하실 만하다고 생각했다. 내 딸이지만 하는 짓이 참 이쁘다! 아빠는 가 볼 생각도 못하는 미국에 비행기 티켓 한 장 가지고 가서 2년 동안 공부하고 돌아온 딸내미도 아빠보다 낫다.

막내(쌍둥이 중 둘째)는 또 어떤가! 한동대학교를 다닐 때 "형들 셋이 다 휴학하고 군대 갔다 왔으니 너는 4년 동안 공부하고 학사장교 하는 길도 있으니 공부를 계속하면 어떻겠니?"라고 했더니 "예" 하며 학부를 마치고 서울대학교 대학원에 진학하여 학위를 받고 산업체 대체복무를 신청해서 기상청에 들어갔다. 1년 반 근무하다 보니 그 부서가 제주도로 가게 되었는데, 그때 사표를 내고 퇴사를 했다. 바로 해양과학기술원에 들어가 1년 반 동안 근무하고 군복무 기간은 끝이 났다. 그곳에서 계속 근무할 수 있는데 사표를 내고 나와 한전 연구원으로 근무하고 있다. 지원하는 곳마다 합격하여 직장 문제가 없고 직급도 승승장구하니 이 또한 하나님의 은혜요, 자랑할 만한 아들이 아닌가!

이렇듯 자녀들이 아빠보다 나으니 이것도 하나님의 은혜요, 선교비 후원이 여의치 않으니 자녀들 대학 학비는 엄두도 못 내는데 여행으로 직장으로 무엇이든 저희들이 하고 싶은 걸 다하고 사니 이 또한 하나님 은혜 아닌가!

"너희는 먼저 그의 나라와 그의 의를 구하라 그리하면 이 모든 것을 너희에게 더하시리라 그러므로 내일 일을 위하여 염려하지 말라"(마 6:33-34).

아빠가 벙어리 선교사로 경제적인 손해를 볼 때도 있지만 아프리카 우간다 선교사로 28년 동안 부족해도 자리를 지키고 있으니, 자녀 교육에 있어서 하나님이 더하여 주시는 역사를 실제로 체험하고 있다! 하나님이 귀를 열어주셔야 입이 열리는데, 물론 노력도 부족하지만 언어 공부나 하고 있을 수가 없어 경제적으로도 그렇고 사역을 먼저 시작할 수밖에 없었다. 선임선교사로부터 사역에 매이기 전에 언어가 우선이라고 하는 말씀도 들었지만, 사역에 매이다 보니 언어는 늘지 않고 겨우 의사소통하는 것은 어려워도 한국말도 섞어 쓰면서 사역을 감당한다.

선교는 언어가 중요하지만 선교의 중점은 자리를 지키는 것이라고 감히 말하고 싶다. 선교하는 자는 현지인의 인격을 존중하고 그들의 부족한 부분을 보더라도 우리 큰아들같이 '이들이 잘 못하고 모르니까 내가 필요하구나' 하고 이해해야 한다. 부족하고 어려워도 배짱으로 사는 둘째 아들같이, 매사에 모험가인 셋째 아들같이 새로운 개척지도 하나님의 인도를 믿고 나아가고, 넷째같이 연구 노력하고, 진실한 막내아들같이 하며, 항상 곁에서 못난 남편을 보필하며 언어로, 사역으로 협력하는 아내같이 그렇게 말이다.

서로 맡은 일에 최선을 다하면 하나님이 이 모든 것을 더하여 주시리라 믿는다. 하나님께서 선교지에 얼마나 두시려는지 모르지만 선교사의 은퇴는 없다는 어느 목사님의 말씀처럼 시니어 선교사로 남게 하실지, 아니면 고국에 돌아가 후배를 키우는 선교사로 살게 될지 알 수는 없다.

선교사 5천 명 시절에 나와서 28년 동안 살다 보니, 이제는 선교시대라 3만 명이 선교하고 있다. 벙어리 선교사는 이제 고국에 돌아가 고국을 방문하는 선교사들이 쉬어갈 수 있는 선교관, 그리고 은퇴선교사님들과 은퇴목사님을 모시는 종합선교관을 운영하고 싶은 생각도 있어 기도하는 중이다.

우리에게 주신 5남매 모두가 성혼하여 가정을 꾸렸으니 저들이 어디에 있든지 자기의 일을 스스로 하며 즐겁고 보람 있게 주님을 위하여, 사회를 위하여 성실함과 진실함으로 하나님의 자녀답게 살기를 바랄 뿐이다.

13

하나님의 은혜

　아프리카 선교사로서 받은 복이 셀 수도 없이 많지만 그중에 제일 큰 복은 자녀들(M.K.)이다. 언어와 생활교육이 사회생활 전반에 힘과 용기가 되었다는 자녀들의 고백이 아름답고 귀하다. 자녀를 많이 두게 하신 이도 하나님이시지만 그들이 사춘기를 선교지 우간다에서 보냈다는 것이 큰 하나님의 은혜이다.

　전교조 같은 어용교사들에게 세뇌당하지 않고 시야를 넓혀 기독교인으로서 세계관을 가질 수 있다는 것이 큰 수확이요, 은혜인 것 같다. 자녀가 많은 것 때문에 종중에서는 걱정들을 많이 하셨는데, 자녀들이 바르게 자라주어서 집안 어른들이 모두 자랑하며 격려해주시고 계신다. 쌍둥이(이란성)까지 주셔서 더 많아졌지만 자녀 많은 것 때문에 한 번도 후회해 본 일도 없이 하나님께서 지켜주시고 보호해주셨다. 병원 한 번 안 가고 자라주어서 얼마나 감사한지 모두가 하나님 은혜요, 축복임을 간증할 수 있게 하셨다.

　사실 선교지는 의료 시설이나 교육 시설 등 사회 인프라가 형편없이 열악하다. 하지만 아직도 이념교육이나 세속적인 비도덕적 교육이 성행하지 않는 순수한 교육은 우리 자녀들에게 잘 어울리는 교육이었다. 또 교육적인 측면에서도 영어로 언어 교육을 받았으니 사회생활에 큰 보너스 교육을 받은 것 또한 감사할 일이다. 넉넉지 않은 살림으로 호화롭지는 못해도 현지인들의 삶과 비교할 때 위축되거나 비관적인 생각이나 열등감이 들지 않고 자존감이 손상 받지 않는 삶으로 자라게 된 것이 또한 큰 자산인 것 같다.

교육은 학교 교육도 중요하지만 생활 교육과 가정 교육이 정말 중요하다. 우리 아이들은 아침 6시 30분에 기상하여 아침예배를 드림으로 하루를 시작했다. 또한 저녁 일과를 마치고 8시에 저녁 기도회를 가졌다. 그날 하루의 일을 돌아보고 기도제목을 정해 기도하고 찬양하고 하루를 마무리하였다.

한국에 있을 때, 아이들이 아주 어렸을 때부터 가정예배를 빠지지 않고 드린 것 또한 아이들을 말씀 안에서 키울 수 있는 중요한 일이라 생각한다. 쌀이 떨어지고 돈이 떨어지고 어려움이 있을 때도 하나님께서 어떻게 역사하시나 보자고 하며 함께 기도하였다. 어떤 선교사님이 십일조 할 곳을 찾고 있었다며 여기다 하면 좋겠다며 200달러를 주시기도 하고, 먹을 것이 없을 때 쌀이며 여러 가지 부식을 한 차 사 오시는 선교사님도 계셨다. 아이들은 이 모든 것을 보면서 하나님께서 공급하시는 것을 눈으로 보고 체험하며 선교지 생활이 어렵지만 하나님을 기대하며 살게 되었다.

쌍둥이들은 고등학교를 갈 때도 하나님의 특별한 은혜로 가게 되었다. 형들이 셋 다 한국으로 가고 쌍둥이들만 남았는데, 좀 좋은 학교로 보내라고 해서 캠브리지 시스템으로 공부하는 학교에 가기로 했다. 25만 실링의 학비를 내는 학교를 다니다가 학비가 57만 실링인 학교에 가기가 쉽지 않아서, 아이들 손을 붙잡고 함께 기도했다. 어떤 혜택이라도 학교에서 준다면 하나님의 인도하심이라고 믿자고 기도한 후 교장선생님을 만났다.

우간다 학제는 중학교가 4년, 고등학교 과정이 2년이다. 중학교 과정은 전 과목을 다 공부하지만 고등학교 과정은 자기가 선택해서 공부하는 전문 과정인 셈이다. 그렇게 6학년을 마치고 영국으로 유학을 가면 대학 2학년에 편입이 가능하다고 한다.

우리 쌍둥이 아이 둘과 교장선생님을 만나서 사정을 이야기하고 무슨 혜택을 줄 수 있냐고 물었더니 공부를 잘하냐고 되물었다. 딸아이가 막내를 가리키며 얘가 잘 한다고 했다. 그랬더니 가서 상의해보겠다고 나가더니 두 가지 옵션을 제시했다. 하나는 학비를 중학교 학비 37만 실링을 내는 것과 다른 하나는 분납하는 것으로, 둘 중에서 하나를 선택하라고 했다. 둘 다 원한다고 했더니 난감해하며 다시 나가 상의하고 온 후에 중학교 학비인 37만 실링을 내고, 딸을 가리키며 이 아이가 결혼해서 아이를 낳을 때까지 갚아도 된다고 했다. 할렐루야! 하나님이 일하시고 인도하심이었다.

그렇게 우리 자녀들을 하나님께서 키워주셨다. 지금은 우리 부부만 남았지만 아침 6시 30분에 예배하고 저녁 8시부터 9시까지 찬양하고 기도하는 일은 계속하고 있다. 예배가 때로는 형식적일 때도 있지만 계속하는 것이 참 중요하다는 생각이 든다. 또한 스스로 흐

트러지지 않게 하는 버팀목이 되었던 것 같다.

또 사회를 보며 사는 삶이 교육에 있어서 너무 귀하고 소중하다. 학교 교육과 지식 위주의 교육도 중요하지만 인성 교육은 어느 교육 방법보다 중요하다. 우리가 처해 있는 사회의 이념 교육이나 이데올로기 사상교육 때문에 한국 교육이 문제가 되고 있는데, 아프리카 우간다에 있어서 우리 자녀들로 하여금 그런 교육을 받지 않은 것이 얼마나 다행스럽고 은혜인지 모르겠다. 사춘기 시절 중·고등 교육을 우간다에서 공부하고 지냈으니 전교조의 불온사상의 교육을 받지 않은 것이 얼마나 큰 소득인지 말로 다할 수가 없다.

또 자립할 수 있는 산교육을 아프리카에서 습득하게 한 것이 저들의 생애를 통하여 큰 교육이 되었음은 말로 다 표현할 수가 없다. 또한 대학을 고국인 한국에서 수학할 수 있게 하신 하나님께 감사한다. 부모가 대학 교육비를 해결해 줄 수 없어서 자녀들이 스스로 알바도 하고, 정부 대출도 받고, 장학금도 받아가면서 스스로 해결하는 방법으로 사회생활 전반에 필요한 것들을 해결하며 학부 생활을 마쳤다. 이 또한 큰 교육이 되었고, 자립의 기반을 마련한 셈이다.

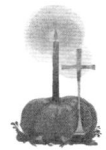

14

자녀들을 키워주신 하나님

우리 자녀들이 공부할 때는 이민 유학제도도 참 까다로웠다. 만 17세가 되면 여권 기간을 1년밖에 주지 않았다. 매년 병역의무자라서 여권을 갱신해야 했고, 가족이나 친지의 재정보증이 있어야 했다. 친지 중에 7만 원 이상 세금을 내는 사람 두 명의 재정보증이 있어야 병역의무 신용보증이 되는 것이다. 가족이나 친지 중에서 그만한 재정보증을 받을 만한 사람이 없어서 하는 수 없이 한국보증보험에 의뢰하여 많은 비용을 내고 신용보증을 얻을 수 있었다.

아들이 넷이나 되니 매년 그 비용도 만만치 않았는데, 큰아들부터 하나둘 고국으로 대학을 가게 되었으니 그것도 하나님의 은혜다. 아들들이 명지대, 건국대, 숭실대, 한동대학교로 매년 한 명씩 대학에 들어가게 되었다. 딸은 병역의무가 없어서 미국 대학에 진학하게 되었으니, 이것도 하나님의 은혜다. 시간이 흘러 자녀들이 대학에 다 들어가서 1년 혹은 2년을 공부하고 군에 입대하게 되니, 휴학 후 병역의 의무를 다하게 되었다. 두 아들씩 군대에 있으니 얼마나 흐뭇하고 뿌듯한지, 자부심을 느낄 수 있었다. 막내아들은 대체복무로 방위산업체에서 3년을 근무하였다. 이렇게 자녀들이 모두 선교지의 부모 곁을 떠났다.

15

수도권에서 제2의 도시 진자로

자녀들이 떠나니 이제 더 수도권에 있을 필요를 못 느껴서 섬이 가까운 제2의 도시인 진자로 전진기지를 옮기게 되었다. 어느 목사님이 우리 선교 후원을 하시면서 선교센터를 진자에 짓고 싶다고 땅을 알아보라고 말씀하셨는데, 진자에서 땅을 찾기가 쉽지 않았다. 우리가 먼저 이사를 한 후에 찾으면 좋을 것 같아서 진자에서 먼저 집을 찾아서 이사를 한 후에 땅을 찾았다. 그런데 그 목사님이 다른 곳에 센터를 지으셨다. 결국 그분을 통하여 우리를 진자로 인도하신 하나님의 계획이었음을 알게 되었다. 모든 것이 합력하여 선을 이루시는 하나님을 다시 만나는 시간들이었다.

수도권보다는 여러 가지로 불편하고 열악하지만 교통이 한산한 것이 하나님의 은혜다. 진자에 정착한 지도 벌써 10여 년이 넘었으니 이제는 캄팔라 시내권보다 한산한 진자가 얼마나 좋은지 모르겠다. 사실 섬 사역을 위한 전진기지로서의 조건이 잘 맞는 곳이다. 그 하나님의 은혜가 놀랍고 얼마나 자상하게 우리를 돌보시는지……감사할 뿐이다!

16

진자에서의 정착

　진자에서 찾은 집은 대지가 약 500평 정도 되는 집에 각종 과일 나무(망고, 잭프루트, 아보카도, 바나나)가 다 있고, 건평이 약 100평 되는 규모의 집이다. 집세는 약 300불(우간다 실링 75만)이었는데 10년이 지나도록 재계약도 안 하고 집세도 올리지 않고 6개월마다 월세를 지불하면 되었다.

　후원금이 적으니 하나님이 이렇게 하여 선교비의 나가는 구멍을 막아 주신다. 75만 실링이 그 당시에는 환율 1달러가 2,500실링이어서 300달러 정도였는데, 지금은 환율이 높아져서 3,700실링이니까 200달러 정도에 살고 있는 것이다. 최근에 진자에 오신 선교사님의 임대료가 100만 실링이 넘는 데 비해 제일 큰 집, 제일 넓은 대지에 임대료는 제일 싼 값에 살고 있는 것이다. 이것도 하나님의 은혜가 아니고 무엇인가?

　진자에서 사역지인 섬까지는 80km 정도를 육상으로 가서 배로 1시간 10분쯤 가야 되니 꽤 먼 곳이다. 하지만 섬에 가서는 며칠씩 있다가 나와야 되고 섬에서만 살 수가 없다. 열악한 환경도 환경이 거니와 살림을 할 수가 없다.

 일단 전기와 물이 없는 곳이다. 물건을 살 만한 가게도 없고, 물건도 없다. 현지인들이 살아갈 최소한의 시장이 있을 뿐이다. 이런 섬에 여섯 개나 되는 사역지는 넓은 곳이다. 마침내 4개의 섬에 교회 건축 지원을 해주어 완공했다. 나미티 교회는 기초부터 미장, 페인트 공사까지 우리 가족의 지원으로 완공했다. 두 교회는 지붕 공사와 벽까지 바르고, 한 교회는 지붕 공사만 지원했다.

 전진 기지에는 베이스캠프를 만들어 방 2개, 거실 겸 주방 하나를 지었다. 참으로 놀라운 일이다. 한국에서 오신 단기 선교팀들이 지붕과 타일 공사를 해주셔서 완공했다. 섬 사역 15년여 만에 사역을 위한 집을 섬 안에도 지었으니 감사할 뿐이다. 누구나 와서 쉬었다 갈 수 있는 별장이 생긴 셈이다. 유용하게 이용될 수 있기를 기도한다.

17

섬 교회 건축 이야기

　섬(나미티)에 교회를 지은 이야기를 좀 해야겠다. 교회가 너무 낡고 협소하여 교회당을 건축하려고 기도하던 중 나이지리아 대우건설에 근무하던 아들에게 "첫 열매는 하나님의 것이다"라고 했더니, 감사하게도 500만 원을 첫 열매로 보내왔다. 마침 큰아들 목사가 퇴직금이라고 140만 원을 보내왔고, 또 지인 장로님의 후원으로 차를 새로 사고 헌 차 판 값 400여만 원을 건축비로 사용했다.

　건축을 시작하여 3년여 세월이 걸렸는데, 조금씩 진행하여 약 15,000달러 정도로 약 70평 정도의 교회당을 건축하게 되었다. 하나님의 역사는 놀랍다. 우리 가족이 헌금한 돈으로 건축을 거의 마칠 수 있게 하신 하나님께 감사드린다.

　섬에 미션하우스를 짓게 된 동기도 YWAM 베이스 클리닉 방을 빌려 사용하게 되어 방을 쓸 수는 있는데, 사역에 필요한 도구나 물품을 맡기고 다니는 일이 여간 불편한 게 아니었다. 처음에는 교회당 뒤에 방 2칸 정도를 들여서 간단히 지으려고 했는데 파스터가 미관상 좋지 않다며 다른 땅을 사서 지으려고 했다. 그런데 섬사람들이 땅을 사는 대신 화장실을 5칸을 지어 달라고 하는 바람에 건축비가 너무 많이 들어 포기하고 교회 땅에 단독 주택을 짓게 되었다.

짓는 김에 교회와 미션하우스 사이를 5미터 정도 띄워 공간을 만들고 지붕을 씌워 미팅룸을 만들었다가 그곳을 다른 공간으로 꾸몄다. 도서관처럼 책을 준비해 놓아 책도 보고 영화도 관람하고 어린이 교육과 성경 읽기, 각종 기도회 등을 하는 중요한 공간이 되게 만들었다. 아직 다 꾸미지는 못했지만 천천히 이루어지리라 믿는다.

이제는 섬에 다른 살림집이 생겨 두 집 살림이 시작되었다. 이것도 감사한 은혜다. 재정적으로 예비된 것이 없으니 그때그때 주시는 형편대로 하다 보니 아직은 페인트칠도 안 했지만 사역하는 데는 큰 지장이 없다. 이것 또한 하나님의 크신 은혜이다.

18

에이즈 환자 사역 이야기

에이즈 환자가 섬에 무척 많다. 그런 병 때문에 은신처로 섬을 선택했는지도 모르겠다. 두 개의 섬에 에이즈 환자가 50여 명 정도 있는데, 말씀으로 소망을 주고 그들에게 식량을 지원해 주어 소망을 가지고 살도록 도와주는 사역을 했다.

우간다 정부에서 약은 무료로 공급해 주지만 영양가 있는 식사를 제대로 하지 못해서 기력이 없으니 그들은 독한 에이즈 약을 잘 먹지 않았다. 에이즈 약은 치료제가 아니라 병균을 억제하는 약이라고 한다. 약이 독해서 영양을 잘 공급해 주지 않으면 몸이 휘어져, 약을 기피하는 것이다. 그래서 그들에게 영양이 될 만한 식품 뽀쇼(옥수수가루), 콩, 설탕, 분유, 영양제 등 5가지를 매달 조금씩 지원해 주고 말씀을 전하는 사역을 했다.

YWAM에 있는 간호사가 환자를 파악해서 소개해 주면 그들을 모아서 말씀을 전하고 물품을 공급하며 도움을 주는 사역이다. 술과 담배를 금하고 식사를 잘하니 건강 상태가 좋아져 가는 것을 보면서, 사역에 보람을 느끼며 힘들어도 사역을 하게 되는 것이다.

간호사가 이웃 섬에도 자랑을 해서 모두가 원하지만 사역비의 한계를 느껴 확대하지 못하고 있는 중이다. 에이즈가 확대되는 것을 예방하고 기존 환자가 연명하는 데 조금이나마 도움이 되길 바라고, 그 영혼들이 복음을 받아들여 구원받기를 바랄 뿐이다.

19
장학 사업(교육부모 연결) 이야기

빅토리아 섬 안에는 교육 시설이 열악하다. 교회가 초등학교를 설립해서 운영하고 있으나 초등학교를 졸업하면 상급 학교에 진학하는 것이 쉽지 않다. 뭍으로 나가도 기숙사가 있는 학교라야 진학할 수 있다.

마침 YWAM 베이스가 있는 이웃 섬에 미국에서 왔던 선교사가 고국에 가서 결혼하고 다시 돌아와 중고등학교를 설립해서 운영하고 있었다. 기숙사가 있고 인근 섬에서는 제일 저렴하고 학교 시설도 좋다. 무엇보다 선교사가 세운 학교이기에 신앙 교육을 하기 좋은 학교이며 섬 학생들이 많이 가는 학교이다.

한국에서 교육을 책임지는 부모의 마음으로 매달 3만 원을 후원해 주면 섬에 있는 중고등학교 학생 1명을 키울 수 있다. 나미티와 키레웨 두 섬에 있는 에이즈 환자의 자녀 학생들과 섬 목회자 자녀들을 위주로 공부를 잘하는 학생이 아니라 초등학교를 마치고 상급 학교에 가정 형편이 어려워 진학하지 못하는 학생들을 선발해서 한국 후원자와 일대일로 연결하여 중학교에 보내주는 사역이다.

주로 편부모 가정이거나 에이즈 환자 가정의 학생들이 많이 혜택을 보고 있다. 이 사역이 확대되어 더 많은 학생들의 장학 사역으로 공부하는 이들이 늘어나 성숙한 기독교인으로 자라길, 그들이 우간다의 크리스천 지도자로 자라 하나님의 기쁨이 되기를 바랄 뿐이다.

20

교회 건축 사역

우리가 사역하는 섬이 여섯 개인데, 약 20~30분 거리 안에 있다. 섬마다 교회가 있기에 나미티, 키레웨, 자구시, 루비앙, 마카라가, 라보로 여섯 섬이 군락을 이루고 있다. 씨릿야비 섬에 있는 교회도 건축을 지원했다.

처음 나미티 섬에 교회 건축을 할 때는 자녀들의 후원으로 약 3년에 걸쳐서 12m×26m(약 70여 평) 되는 교회를 건축하였다. 이웃 키레웨 섬의 교회는 폭풍을 만나 지붕이 날아가고 벽이 무너져 교회가 전부 파괴되었다. 그래서 임시로 학교 교실에서 예배드리는 형편이 되었다.

그 전까지는 건축할 때 벽돌을 육지에서 사서 배로 운반하는 형태였다. 하지만 이곳은 좋은 모래가 있는 섬 지역이라 섬에 있는 자재(모래)로 성전 지을 벽돌을 찍어 교회를 건축하라고 벽돌 기계를 제작해서 시멘트와 함께 지원하였다.

그런데 벽돌을 찍어 기초만 해놓고 또 3~4년이 지나도 진척이 없었다. 우간다는 자기들이 하려는 마음, 자립하려는 마음이 별로 없다. 믿음이 좋은 것인지, 다른 사람들이 도와주기만을 마냥 기다리고 있다.

마침 한국의 어느 선교회가 그 소식을 알고 후원하여 전체 공정을 진행하게 되었고, 두 교회가 완공되었다. 2개 교회를 지어준 사실은 소문으로 이웃 섬들로 퍼졌다. 이 소문을 들은 자구시 교회가 자기네 교회는 벽돌만 쌓아놓고 3~4년 그냥 방치하고 있다며 지붕 공사를 지원해 달라고 연락을 해 왔다. 그렇게 어느 선교회에 의뢰하여 자구시 교회도 지붕 공사를 마쳐 주었다.

그해에 어느 선교회에서 18명의 단기 선교팀이 전도 사역 차 우간다에 와서 나미티, 키레웨를 거쳐 루비앙 섬에까지 전도 사역을 펼쳤다. 루비앙 섬에도 건축을 위해 벽돌을 소요량의 절반쯤 준비해 둔 상태였다. 그러다 어느 선교회 회장 목사님이 벽돌을 완전히 준비해서 벽까지 쌓아놓으면 지붕 공사를 해주겠다고 약속하고 가셨다.

막내아들 결혼식이 있어 한국에 들어갔다가 코로나19 사태가 벌어져서 한국에서 15개월을 보내고 선교지에 돌아오니, 벽을 쌓아 놓고 기다리고 있었다. ○○선교회에서 약속한 일이라 흔쾌히 자금을 후원해 주셨다.

문제는 건축가에게 달려 있다. 팀바(목재)를 사서 3~4시간 걸려 운반해야 하는데, 그 비용이 만만치 않다. 그런데 팀바가 250개나 모자란다고 하는 것이다. 건축가가 잘못 계산해도 1~20개지, 250개가 모자라다니! 나무 1차의 분량을 계산에서 빠뜨린 것이다. 이처럼 자재 계산도 못한단 말인가! 더 기가 막힌 사건은 아연시트(함석)이다. 3.9미터짜리 140장을 주문했는데 확인도 안 했는지 지붕 공사를 하고 보니 3미터짜리로 잘못 가져갔다는 것이다. 그런데 그것을 반품하지 않고 그냥 시공을 다 하고 나서 함석이 모자란다는 것이다. 이런 일은 한국 사람은 이해할 수 없는 일이다.

한국 같으면 당장 변상해야 할 텐데 항의하지도 못했다. 또 건축가가 3미터짜리인지 3.9미터짜리인지 인식도 못했단 말인가! 기가 막혔다. 코로나로 우간다가 전국이 록다운 되었으니 언제 공사를 재개할지 걱정되었다. 그리고 교회 건축에 성도들의 기도가 부족한지 목재와 아연시트까지 문제가 되었다. 하지만 후원하신 선교회 목사님께서는 "그 사람들의 일하는 스타일이 그런 걸 어쩌겠냐!" 하시면서 너그러운 마음으로 비용을 더 후원해 주셨다. 그렇게 무사히 지붕 공사와 창문 그리고 벽까지 다 발라 완공하게 되었다. 지금은 온 성도들이 기도의 불이 붙어 저녁마다 모여 기도하고 성도의 수가 200여 명으로 부흥했다는 반가운 소식이 들린다.

돕는 자들도 넉넉한 마음으로 이해해주는 사람들을 붙여주셔서, 마음 편히 일할 수 있는 것이 또한 얼마나 감사한 일인지!

21

섬 사역 이야기

나미티 교회가 세워지고 한국에서 부흥강사인 목사님과 3명의 단기 선교팀이 오셔서 영육 간 큰 잔치를 했다. 말씀으로 영의 양식을 채우고, 육신도 단체음식으로 점심을 제공하면서 부흥회를 열어주신 것이다. 열악한 숙소 환경도 이기며 4박 5일 동안 "성령 받으라!"를 외치면서 부흥회를 성대하게 마치고 돌아가셨다.

그 다음해에도 4명의 단기 선교팀을 이끌고 다섯 분이 오셔서 집회를 열어주셨다. 말씀 잔치에, 육의 잔치였다. "성령 받으라!"는 찬양을 한국말로 가르치다 보니 섬사람들이 그분을 "성령 받으라 목사님"이라고 불렀다. 그때는 소를 한 마리 잡아서 잔치를 했다. 우간다에서는 소 한 마리가 한국 돈으로 20만 원 정도이니, 잔치를 하며 소 한 마리 잡는 것이 우리 한국 입장에서 생각하면 너무 싸서 쉽게 할 수 있는 일이다.

또 팀이 올 때 티셔츠를 200벌 정도 가지고 와서 모든 교인들에게 입혀주시니 섬에 있는 현지인들이 얼마나 좋아하는지 그야말로 대잔치인 셈이다. 이런 천국 잔치를 베풀어주신 삼천리교회에 지면을 빌려 감사를 드린다.

예배당을 건축해 놓으니 한국에서 선교팀들이 오기 시작했다. 어느 선교회에서는 18명이나 되는 팀이 오기도 했다. 그때 각종 장비를 다 준비해 왔고, 교회에 발전기와 앰프 시설 일체를 마련해 주셨다. 특히 어린이들을 위해 초코파이 1,000개를 사 가지고 오셨다.

우간다 20여 년 사역 중 그때만큼 대형 단기 선교팀을 맞이하기는 처음이었다. 한때는 다른 선교부에 단기 선교팀이 오는 것을 부러워하기도 했다. 3~5명의 선교팀은 여러 번 오셨다. 어느 교회 선교부에서 단기 선교를 왔을 때에는 푸짐한 선물 보따리를 가져오셨다.

바다가 없는 우간다에 김 100장, 멸치 대, 중, 소가 들어 있는 한국 건어물 선물 세트를 20여 개 가져오셨다. 또 축구공 20여 개도 가져오셨다. 캄팔라에 계신 선교사님들께 선물상자 하나와 축구공 하나씩을 선물로 준비해 주신 것이다. 얼마나 사려 깊은 선물인가! 비록 작은 팀으로 왔지만 선물 보따리는 제일 크고 사랑이 넘치는 선교팀이었다.

이번에는 적은 인원으로 구성된 선교팀 이야기이다. 순리원 원장님과 순리치료사이신 2분이 오셔서 한국 선교사님들에게 순리치유원론을 2박 3일 동안 전수해 주셨다. 하나님이 지으신 순리대로 살아야 한다는 이론이고 그래야 건강하고 그래야 행복하다는 이론이었다. 우리가 순리대로 살지 않아서 병도 생기고 행복하지 않다는 것이다. 또한 몸이 병들었을 때 기도하면서 하나님을 의지하고 치료하는 순리 치료는 도구도 없이 약도 없이 치유가 가능한 치유 방법이다.

그렇게 현지인 전도자들에게도 2박 3일 동안 순리치유원론을 전수해 주셨다. 선교사의 집이 순리치유센터가 되었다. 이 선교팀이야말로 제일 적은 팀이지만 제일 귀한 영혼 구원과 병마를 치유할 순리치유학을 전수해 준 귀한 선교팀이다.

이밖에도 콩고 선교 차 경유지에 들러 쉬고 가신 팀도 있었다.

22

선교 중 겪은 황당한 사건들

이제 선교사가 겪은 황당한 일을 이야기하려고 한다. 우리를 돕는 이로 남자아이를 채용했다. 이웃에 있는 자매가 자기 동생이라고 일자리를 달라며 데리고 왔다. 신분이 분명해서 돕는 이로 데리고 있었다.

마침 결혼기념일을 맞아 시내에 가서 외식을 하고 돌아왔는데, 그 아이가 보이지 않았다. 웬일인가 하고 살펴보니 방에는 라디오를 크게 틀어놓았다. 가만히 보니 주방 싱크대 위에 놓아둔 열쇠를 창문 틈으로 꺼내서, 주방에서 들어오는 문을 열고 안방에 들어와 아내의 지갑에서 사역비와 생활비 1,400달러를 몽땅 가져간 것이다. 그래도 지갑 안쪽에 넣어둔 십일조 200달러는 그냥 두고 갔다.

보통 도둑들은 지갑을 통째로 들고 가는 것이 통례인데, 그래도 하나님 것으로 지갑 안쪽에 넣어둔 십일조는 그냥 두고 간 것이다. 아내는 하나님께 하나님 것만 챙기셨냐고 물었다.

당장 사역비(교사 월급)와 생활비를 몽땅 잃었으니 어찌하면 좋단 말인가? 그래도 하나님께서는 당신의 뜻을 이루어가시며 우리에게 당신의 마음을 알리는 방법으로 이 사건을 사용하셨다. 다른 선교부에 온 단기 선교팀이 중형버스를 타고 우리 사역지인 부지 크리스천스쿨로 8명이 오신 것이다. 그때 선교사협의회 회장님을 찾아가는 팀이 반대 방향으로 1km 정도 되는 길을 오신 것이다. 그분들께 저녁식사를 대접했는데 500달러를 주고 가셨다. 모든 것은 하나님께서 공급하신다는 것을 깨닫게 해주시는 사건이었다.

그래도 이 달 생활비가 절반은 모자라는데 어쩌나 하고 하나님의 뜻을 기다리는 중에 콩고 선교팀 9명이 하룻밤 묵어 경유해야 하는 까닭에 저녁과 아침식사를 하고 가시면서 또 500달러를 주고 가셨다. 생활비를 몽땅 도둑맞았는데 500달러씩 두 팀이 채워주신 것이다. 하나님께서는 우리가 어려움을 당할 때 피할 길을 주시는 하나님이시다.

매사에 감사할 수밖에 없는데도 현실 앞에 원망과 불평을 일삼는 나의 마음을 책망하시며 하나님께서는 내가 모든 것을 공급한다고 말씀하시고 위로해 주셨다. 이처럼 은혜로우신 하나님을 알게 하시려고 이 사건을 사용하신 것이었다. 전적으로 "하나님만 의지하라", "내가 공급한다"라고 말씀하시는 귀한 사건이었다.

23

칼국수 전문점

우리 집은 칼국수 기계 여러 대가 망가질 정도로 국수를 많이 만들었다. 칼국수는 나와 우리 식구들 모두가 좋아하기도 하지만 손님이 왔을 때 선택한 우리 집 손님 대접 메뉴이다. 우간다를 여행하시는 분들과 이웃 선교사님들과 교민들 중 우리 집에 와서 칼국수를 안 드신 분이 별로 없다.

이름만 대면 알 수 있는 분들이 많다. 우선 생각나는 분은 기아대책 홍보대사로 탤런트이셨던 목사님, 또 총신대와 칼빈대 총장님이셨던 목사님께서 우간다 선교대회 총회에 오셨다가 잡수시기도 하셨고, 미국 풀러신학교 목사님이 오셔서 칼국수를 드시고 후원을 많이 해 주고 가시기도 하셨다. 10년 동안 차 없이 살고 있었는데 칼국수 한 그릇을 드시더니 자동차를 사라고 3,000불을 주고 가셨다.

그 외에도 탤런트, 또 MBC와 SBS 기자들 등 여러 분들이 칼국수를 드시고 가셨다. 여행 중에 현지 음식이 안 맞아 고생하다 한국 맛이 그리울 즈음에 우리 집 칼국수와 김치를 드시니 입맛이 살아난 덕분이다.

또 선교사의 말솜씨가 얼마나 좋은가! 칼국수 한 그릇에 5,000원인데 두 그릇을 드시면 공짜요, 세 그릇을 드시면 디저트까지 드린다고 했더니 즐겁게 두 그릇 또는 세 그릇을 드시는 분도 있었다. 다른 분들은 소고기에 진수성찬으로 대접하는데 나는 고작 칼국수를 대접하고서도 감사 인사를 받고 살았다.

아프리카에는 고기가 싸서 고기를 대접하는 것이 비용이나 여건 면에서 쉽지만 칼국수는 정말 사 먹을 수도 없는 음식이다. 또 대접하는 선교사 입장에서도 부담 없이 맛있게 드시는 것을 보면 대접하면서 기분도 좋다.

또 우간다 밀가루는 우리 옛날 방식으로 제분하는데 약간 누런빛이 나지만 맛은 구수하다. 방부제 처리가 안 되었는지 두 달 정도만 지나면 벌레가 생긴다. 언젠가 한국에서 밀가루를 조금 가져왔는데 6~7개월 이상 지나도 벌레가 안 보이는 것이다. 우리나라 밀가루는 곱고 희지만 방부제 처리가 된 밀을 수입해서 박피한 다음 분쇄하기에 사실 건강식으로는 좋지 않다고 생각한다.

아프리카가 생활은 열악하지만 먹거리는 웰빙 그 자체이다. 야채도 보기에는 상품 가치가 좀 떨어지지만 건강식으로 먹고 사는 셈이다. 집에서 야채를 길러 먹으니 무공해 야채를 먹을 수 있어 마음 편히 먹고 산다.

또 우리의 주식인 쌀밥도 잘 먹고 살았다. 우간다에서 수퍼라이스라는 쌀을 사면 장엽종이라서 찰지고 맛난 쌀을 먹을 수 있어 좋다. 정미소 시설이 열악해서 아직도 돌과 뉘가 있어 불편하기는 하다. 화산재 찌꺼기라서 물에 잘 가라앉지도 않고 뜨기에 조리질로 골라내야 하는 번거로움이 있어서 아차 하면 돌밥을 먹을 수도 있다. 뉘는 일일이 골라내야 하는 번거로움이 있지만 아프리카에서도 쌀밥을 먹고 뜰에 야채를 심어 먹고 아프리카에서도 한국식으로 식생활을 하는 행복한 선교사이다.

우간다인의 주식은 뽀쇼(옥수수가루), 마또캐(삶아 먹는 바나나)가 주식이고, 쌀(라이스)은 많이는 먹지 못한다. 이 세 가지는 맛과 영양이 우수하다. 그 외에 감자나 고구마, 얌(토란), 카사바 등 여러 가지가 있다.

24

어부들과 함께하는 섬 생활

이곳은 바다가 없어 수산물이 좀 귀한 편이다. 냉동 생선이 케냐 몸바사(케냐 항구도시)로부터 들어오지만 꽤 비싸고 귀하다. 우간다에서는 우간다식 붕어 종류인 텔레피아(붕어 종류) 그리고 농어 종류인 나일퍼치를 판다. 나일퍼치(농어 종류 물고기)는 육식이라서 물고기를 많이 먹고 살기 때문에 멸종된 종류가 많다고 한다. 영국이 지배하고 있을 때 낚시질을 위해 방류한 나일퍼치는 2m까지 자라는 괴물 같은 고기다. 육식을 하는 고기라서 살이 찰지고 맛있는 물고기다.

섬 사역을 하는 까닭에 바다가 없는 우간다에서도 물고기를 자주 먹는 편이다. 그런데 근래에는 물고기를 남획해서 고기가 많지 않아 정부에서는 25cm까지 규제하던 것을 40cm까지로 높여 놓아서 어민들의 생활이 더 힘들게 되었다. 우간다 수출 품목 중 하나인 나일퍼치는 유럽으로 수출하는 효자 상품인지라 규제 없이 작은 고기까지 잡는 바람에 정부에서 통제하기 시작한 것이다.

필자도 25년 동안 한 번도 낚시질은 안 했는데 새벽에 현지인이 하는 낚싯배에 동승해서 그들이 하는 낚싯대를 빌려서 60cm 정도 되는 나일퍼치 한 마리를 잡아본 경험이 있다. 어부들은 그물로 텔레피아(붕어 종류) 약 10~20cm 되는 것을 잡는다. 나일퍼치는 육식을 하는 특성이 있어 메기 새끼 종류를 미끼로 사용한다. 낚시는 미끼를 무엇으로 하느냐에 따라 잡히는 고기 종류도 다르다.

또한 빅토리아 호수에는 물고기들이 많은데 그중에 민물 게가 있다. 현지인들은 그물에 게가 걸리면 아주 싫어한다. 그물만 상하게 하는 나쁜 고기로 취급하고 먹지 않고 버린다. 그 게를 우리가 먹는다고 하니까 어린이들도 어른들도 게를 보기만 하면 가지고 온다.

그 게를 씻어 삶아서 먹으니, 그들은 신기한 듯이 바라본다. 민물 게가 얼마나 좋은가! 그들에게 먹어보라고 해도 시도해 보지도 않는다. 또 민물고동(우렁)은 저녁때가 되면 물가 수풀로 기어 올라온다. 그것을 아이들에게 잡아 오라고 하면 금세 한 양동이를 잡아온다. 삶아서 깐 뒤에 야채와 곁들여 양념을 하면 골뱅이무침이 된다. 이것도 현지인들은 먹지 않는다. 우리에게는 얼마나 귀한 수산물인가! 이런저런 것들로 먹이시려고 준비해 주신 하나님께 감사하며 먹는다.

25

현지인들의 식생활

현지인들의 식생활은 우리에 비해 아주 단순하다. 민물 게도, 골뱅이도 먹을 줄 모르니 다른 것이야 말해 무엇하랴! 고사리도 얼마나 실한지……. 하지만 그것도 먹을 줄 모른다. 사철 흔한 고구마순도 먹지 않는다. 그렇게 가난하고 먹을 것이 없어 배고프고 굶주려도 먹는 것이 제한되어 있으니 어찌할꼬!

우리나라 사람들은 산채도 개발하여 먹을거리가 많지 않은가! 독이 있는 산채는 삶아서 말려두었다가 독을 제거한 다음에 먹지 않는가! 산나물이 얼마나 많은가! 이젠 산나물을 재배해서 소득을 올리고 나물로 즐기지 않는가!

이들은 참비름(도도)은 먹는데 데쳐서 쓴 물을 제거하는 방법도 모르고 그냥 볶아 먹으니 쓰고 맛이 없다. 예로부터 우리나라 사람들은 산나물과 들에서 나는 나물을 잘 개발해서 먹건만 이곳 현지인들은 그러질 못한다. 토란을 여기서는 얌이라고 하며 뿌리는 먹지만 줄기는 나물로 먹을 줄 모른다. 한국같이 야채를 개발하면 수도 없이 많을 텐데, 식품 연구에 노력하지 않음을 볼 수 있다.

또 한 가지 물을 그냥 먹으니까 배탈, 설사가 많다. 우간다는 결명자가 야생으로 많이 난다. 결명자를 채취하여 씨앗을 볶아 물을 끓여 먹으니까 배탈, 설사가 없다. 또 눈에도 좋지 않은가! 한국에서는 결명자를 한약재로나 사용하지만 이곳 현지인들에게는 그냥 잡초인 것이다.

결명자를 끓여 음용수로 사용하는 우리와는 달리 깨끗하지 않은 물을 먹고 배탈이 나는 사람들을 보면 안타깝다. 물을 끓여 먹여보면 좋다고 하면서도 자기들은 시도해 보지도 않는다.

우리 선교사들은 집에서도 길러서 결명자차를 즐기고 있다. 현지인들에게 식생활과 요리 강습을 해주려고 아내는 어머니 기도회와 성경 읽기 모임에 요리 시간을 첨가하려고 계획하고 있다. 우간다에서는 영적인 일도 중요하지만 현 생활의 지혜도 가르쳐야 함을 절실히 느낀다.

26 주거 문제

우간다는 전세가 없고 월세만 있다. 우리도 6개월마다 세를 먼저 내고 매달 세를 제하는 월세로 산다. 현재 살고 있는 진자는 수도에서 약 80km 떨어진 곳이다. Source of Nile(나일 강의 시류)이 있고 발전소가 있고 우리 기술(현대건설)로 놓은 현수교가 있는 우간다 제2의 도시이다. 이 지역으로 이사 온 지 10여 년이 되었다.

그때는 거주하던 선교사님 한 가정만 있었고 우리 교민이나 한국 선교사들이 없던 곳이다. 그곳에 제법 큰 집을 계약하고 75만 실링(그때 당시 달러로 환산하면 300달러)에 임대 계약을 하고 6개월 치 월세를 지불하고 이삿짐을 내놓고 차를 기다리는데 주인에게서 연락이 왔다. 변호사에게 물어보니 유치원을 하면 집이 다 망가질 거라는 소리를 들어서 유치원을 하려면 계약을 파기하고 돈을 돌려줄 테니 오지 말라고 하는 것이다.

어쩔 수 없이 유치원을 포기하고 살림만 하며 살기로 하고 이삿짐을 싣고 갔다. 집이 크고 대지도 넓어서 대지가 약 500평은 되는 곳에 방이 본채에 5칸, 현지인들이 사는 별채에 6칸, 도합 11칸이다.

별채는 30여 평은 족히 될 것이다. 건평은 약 100평쯤 되는 집이다. 그런데 감사한 것은 10년이 넘도록 집세를 올리지 않는다.

선교비가 적으니 하나님이 집주인에게 너그러운 마음을 주어서 집세를 안 올린 것이리라! 10년 전에는 환율이 2,500실링이던 것이 현재는 3,500실링, 결과적으로 300달러가 200달러가 된 셈이다. 집세가 오른 게 아니고 내린 셈이다. 이렇게 넓고 큰집이 한국 환율로 하면 25만 원이다.

현재 진자에는 선교사와 교민이 많이 늘어났지만 필자의 집이 제일 크고 임대료는 제일 싼 셈이다. 한국에서 와서 보면 선교사가 큰 집에서 호화롭게 산다고 말할 수 있겠지만 후원이 적은 선교사에게 베푸시는 하나님의 은혜가 아니고 무엇이겠는가? 이렇듯 자상하게 돌보시는 하나님께 감동하면서 큰집에서 감사하며 살고 있다.

각종 과일이 골고루 있고 텃밭으로 일구어 채소를 무공해로 가꾸어 먹고 있으니 이것도 하나님의 은혜다! 우간다 과일 망고, 잭푸르트, 아보카도, 바나나가 사시사철 열리고, 한국 채소 파, 부추, 쑥, 미나리 등을 골고루 심어 풍성한 웰빙 한국 식탁으로 즐기고 있다. 이것도 농촌에서 태어나 부모님의 농사짓는 일을 보고 자라 농촌목회를 하면서 성도들이 농사짓는 것을 보고 산 경험이 큰 역할을 했다. 이 큰 집 구석구석을 보며 하나님의 은혜의 손길로 채워진 것을 매일 느끼며 살고 있다.

27

우간다에서 앞으로 해야 할 일

하나님은 우리를 여러 형편을 통해 훈련시키셔서 선교지에 보내셨다. 생활이 열악하고 가난한 우간다에 보내시려고 훈련시키신 것에 감사한다. 한국어린이교육선교회에서 파송을 받아 어린이 사역인 초등학교 사역을 10여 년 시키시더니, 교회 건축 사역과 교회에서 설립한 초등학교까지 관여하게 하시니, 이것도 하나님의 은혜가 아니고 무엇이겠는가!

이제 섬에서 살면서 중학교를 세우고 직업교육을 시키고 싶다. 삶의 기술을 가르쳐서 최소한 배고픔을 면하고 직업을 가지고 살 수 있는 젊은이들로 키워주고 싶다. 농사법과 축산과 원예 등을 가르치고 전수시켜야 하는 부담이 있다. 소, 염소, 돼지 등 축산에 관한 초지 조성과 사료작물 재배까지 가르치고 실행하고픈 소원이 있다. 양봉도, 양계도 보급하고 양어 기술도 전수해야 하는데 이런 일은 한국의 전문가를 모셔 와서 해야 할 일이다.

"정말 세계는 넓고 할 일은 많다"는 대우그룹 고 김우중 회장님의 말씀이 생각나는 우간다 선교지다. 현재도 우간다에 코이카, 코피아

등 봉사기관이 들어와서 활동하지만 섬까지는 관여하지 못하는 형편이다. 한국의 새마을운동본부에서도 우간다 새마을운동을 후원하고 있으나 우리가 하는 섬 사역은 작은 우간다이다.

모든 분야가 필요하고 보급하고 지원해야 하는데, 필자의 영향력이 우간다 전체에 영향을 끼칠 수야 없지만 나미티 섬 하나 정도는 할 수 있지 않을까 하고 시작하였다. 하지만 그렇게 시작한 섬 사역을 할수록 더 많은 어려움과 문제가 있으니 더 많은 하나님의 은혜와 동역자들이 필요한 상황이다.

이곳 섬사람들을 위해서 하고 싶은 일 중의 또 하나는 아프리카 토양에 맞는 목초를 찾아 목초지를 조성했으면 좋겠다. 소와 염소, 양 등 목초지를 필요로 하는 동물을 기르면서 목초지를 조성하지 않아서 동물들이 제대로 성장하지 못하는 것을 보면서 안타까운 마음이 늘 있다.

한국에서 각종 씨앗을 가져다 심어보고 있다. 도토리, 아카시아, 측백나무를 심어서 성공했는데, 플라타너스는 씨앗을 모포에 뿌렸는데 나지 않았다. 한국 호박고구마도 심어보고, 한국 코스모스는 우리 집 앞 정원과 섬에 심어 흐드러지게 피었다. 꽃씨와 채소는 잘 나서 자라지만 나무는 우리나라의 나무가 아프리카에서 적응하기가 힘든 모양이다. 또 아프리카 식물을 한국에 적응시키는 실험을 하기 위하여 커피 씨를 가져와서 필요하신 분에게 나눠 주기도 했다.

28

동역자

선교지에 가보니 동역자가 절실히 필요한 것 같다. 더욱이 뜻하지 않게 간 지 6개월 만에 어느 선교사가 실패한 학교와 NGO가 정지되고 폐교된 학교를 소개해 주어 맡아 운영하게 되었다. 파송선교회의 허락을 받아 함께 일하려고 전도사님 두 분은 단기훈련을 마치고 같이 동행했다.

그중 한 분은 결혼하여 아들이 하나 있고 다른 한 분은 총각이다. 결혼한 분은 못하는 일이 없을 정도로 다방면에 재능이 있어 음악, 건축, 운전 모든 것을 잘 하신다. 또 한 분은 종묘사에서도 근무해 농업, 축산, 목공, 양계 등에 조예가 있어 학교 사역에 필요한 분이다. 이 학교를 중·고등 실업학교까지 키워 갈 것을 꿈꾸면서 두 분을 모시고 온 것이었다.

그러나 여러 가지 형편으로 그분들은 6개월도 못 견디고 귀국하고 말았다. 선교훈련을 받고 선교지도 6개월 정도 답사했으나 이곳에서는 사명을 발견하지 못한 것 같다. 선교는 사명이 없으면 여건과 상관없이 감당하지 못하는 것 같다. 선교는 하나님과 동역하고 같은 사명을 가진 동료들과 동역하는 것이리라. 한 분의 명령으로 서로 같은 마음과 같은 사명으로 같은 방향을 향해서 보조를 맞추면서 함께 가는 것이라 생각된다. 그러나 우리는 아직 예수님처럼 자기를 내어놓고 종의 자리를 즐겁게 여기며 동역하기가 힘들다. 그래서인지 나는 아직 함께할 동역자를 찾지 못하고 혼자이다.

29

넓은 오지랖 1

한국에서 오신 분이 계셨다. 나의 고향인 청주에서 사업에 실패하고 오신 분인데, 자녀들이 인터넷 카페에서 만났다고 했다. 그러면 모시고 오지 그랬냐고 했더니 다음에 만나면 모시고 온다고 했다.

며칠이 안 되어 자녀들이 모시고 왔다. 연세가 든 분들로 안수집사님과 권사님이시다. 임시로 같이 기거하는 선교사님하고 잘 맞지 않아 어려움이 많다고 했다. 그러면 그 선교사님께 잘 말씀드리고 우리 집으로 오시라고 했다. 마침 별채에 방이 세 칸이고 주방, 샤워실, 창고까지 있어서 제일 큰방과 주방을 꾸며서 살림을 할 수 있게 해드렸다.

안수집사님은 전기공이시다. 모든 전기설비 일을 잘하시는 분이고, 권사님은 음식 솜씨가 좋으셨다. 13개월을 같이 생활하면서 한국 분들이 사는 여러 곳에 전기공사도 연결해 드렸다. 또 권사님은 만두, 김밥, 빵을 잘 만드신다. 선교사님들이 멀리 사역을 가실 때면 김밥도 주문하시고 만두도 주문하시고 찐빵도 주문해 주셔서 생계를 유지하실 수가 있었다.

1년 넘게 같이 생활하시니 부담스럽고 불편하신지 나갈 준비를 하셨다. 어디로 가시겠냐고 물어봤더니 울도 담도 없는 집을 봐놓으셨다고 했다. 여러 가지 상황으로 봐서 좋지 않은 집이었다. 잘 설득을 시켜서 좀 더 비싸도 안전이 보장되는 집으로 갈 수 있게 안내했다. 가면 게스트하우스를 하시라고 권고해 드렸다. 우선 거주할 집이 그렇게 해결되었다.

선교사님들 중 지방에 있는 분들은 한 달에 한 번씩 생활비를 찾고 환전하기 위해 캄팔라를 다녀가게 되는데 한국인 게스트하우스가 생기니 쉬어갈 수 있어서 좋고, 집사님들은 경제적인 문제가 해결되니 서로에게 좋은 일이었다. 이렇게 우간다에 1호 한인 게스트하우스가 생기게 되었다.

두 분 집사님과 권사님이 부지런하셔서 채소도 잘 가꾸고 음식도 잘하시니까 모든 교민들이 좋아했다. 그때 마침 우간다 한인교회에서 교회를 건축했는데 안수집사님께서 건축위원장을 맡으셔서 교회당, 사택 건축을 맡아 훌륭히 일을 하셨다.

10여 년 동안 게스트하우스를 운영하시면서 생활하시다가 연세가 드니 고국이 그리우신가 보다. 10여 년을 고생하시더니 한국에 돌아가신다고 전화가 왔다. 그동안 고마웠다고 하시면서 찾아뵙지 못하고 가서 죄송하다는 말과 함께 사례금까지 넣어 인편에 편지로 보내왔다. 그분들은 한국에 들어가서 새롭게 잘 정착하여 편안한 노년을 보내고 계신다.

30

넓은 오지랖 2

공항에서 모 기업의 직원으로 일하는 한인을 만났다. 어쩐 일로 공항에 왔냐고 물었더니 회사에서 퇴출되어 비행기 티켓을 끊어서 공항까지 동행해 주었다는 것이다. 한국에서 모든 직장을 정리하고 지인들에게 인사를 하고 모든 것을 정리하고 왔기에 쉽게 갈 수도 없는 형편이라고 했다. 숙소가 어디냐고 물으니 모 호텔에서 지낸다고 하여, 그러지 말고 우리 집에 빈 방이 많으니 오시라고 해서 우리 집으로 오셨다.

새벽형이라 저녁에 일찍 주무시고 아침 4시경 일어나 하루 일과를 시작하는 부지런한 분이셨다. 우리가 새벽에 기도회를 6시 30분경에 하는데 꼭꼭 참석하셨다. 미션스쿨을 다닌 분이라 큰 거부감 없이 새벽기도회에 함께 참석하였다.

그러다가 필자는 우간다에서 급히 한국에 가게 되었다. 외간 남자를 집에 들이고 한 달도 못 되어 한국에 갔으니 아내 혼자 3개월 동안 뒷바라지를 한 것이다. 항상 나는 일은 저질러놓고 아내는 뒷수습을 한다.

그분은 3개월 동안 시장 조사를 꼼꼼하게 하고 결국 작은 목공소를 만들고 가구점을 차리셨다. 집도 얻어서 한국에 남겨 두었던 가족 네 명을 모두 데리고 왔다. 가족들과 합치면서 안정되니 시작한 사업도 점점 왕성해졌다. 필자에게 고맙다며 모임마다 김기일 선교사가 나를 잡아주어서 이곳에 정착할 수 있었노라고 자랑하신다. 잘 되는걸 보니 마음이 흐뭇하다. 공장이 점점 확장해서 넓은 곳으로 이전하여서 잘 운영되고 있고 또한 부지를 마련하여 5층짜리 호텔을 지었다.

1년 정도 지나서 집사람에게 전화가 왔다. 그분이 한인교회에 나가겠다는 것이다. 얼마나 감사한 일인가! 온 가족이 한인교회에 등록하여 신앙생활을 하고 있다. 아내는 내가 한국으로 들어가고 생활비도 제대로 보내주지 않아서 어려운 시기였는데, 남자를 집에 데려다 놓고 갔으니 황당했다고 한다. 그러다가 기도하면서 하나님께 매달렸다고 했다. "저분을 섬길 테니 저 영혼을 나에게 주세요!"

그 기도 후에 마음이 평안해졌고 그분을 잘 섬기게 되었다고 했다. 아내는 하나님께서 영혼을 구원하는 일에 얼마나 마음이 약하신지 구하는 것은 다 들어주시는 것을 체험했다고 한다. 오지랖이 넓어 불교인 사업체에서 추방당한 분을 건져주어 크리스천이 되게 했으니 합력하여 선을 이루어 가시는 하나님을 체험한 귀한 일이었다.

31 쓸쓸한 이야기들

에피소드 1

NGO와 폐교된 학교를 살리는 과정에 언어가 능숙치 못한 관계로 이웃 나라에서 사역하고 있는 선교회의 선임선교사에게 NGO에 관한 일을 도와달라고 요청하였다. 그런데 지나고 보니 도와주는 명분으로 일하면서 여러 가지로 나를 어렵게 만들었다.

또 파송선교회에서도 새로 온 선교사가 믿음직스럽지 못하게 생각되었는지, 학교 건물을 수리하는 모든 비용도 케냐에서 사역하고 있는 선임선교사에게로 후원금을 보내오면 전달해 주는 방식으로 일을 하셨다. 깊고 큰 뜻이 있었다고 생각하며 참고 지내면서 속으로 울분을 삭이면서 일을 했다. 하나님이 아시기에, 보고 계시기에 마음에 안 드는 일이 있어도 참고 견디었다.

예를 들면 이런 일이 있었다. 한국으로부터 보내왔다는 학교 수리할 비용이 한화로 약 500만 원 정도 되는데 그 돈을 케냐에 있는 선임선교사는 달러도 아닌 케냐 실링으로 나에게 주었다. 그래도 항의하거나 이유를 대지 않고 그냥 필요할 때마다 그때그때 환전소에 가서 사정을 하고 해서 2~3포인트씩 더 받으면서 우간다 실링으로 환전하여 공사를 했다. 모든 비용의 지출 내역을 꼼꼼히 적어 12,000케냐 실링을 우간다 실링으로 환전한 영수증을 첨부하여 돈을 전달해 준 선임선교사님께 보고를 했다.

그런데 이후 한국에서 본회 회장님을 뵈러 갔더니 대뜸 왜 후원금 사용보고를 하지 않느냐고 질책하는 것이다. 그래서 선임선교사님께 돈을 받아서 그분에게 다 보고를 드렸노라고 했다.

선교사들이 마음껏 일하도록 하기보다는 상황도 모르면서 선교사의 환경을 배려하지 않고 조종하려는 한국교회와 선교회의 현실이 너무나 안타깝다. 선교회에서도 사역하는 선교사에게 직접 주지 않았고, 선임선교사는 달러로 받았을 텐데 왜 그것을 케냐 실링으로 주었는지 참 이해할 수 없는 일이었다.

또한 학생이 모집되어 규모가 갖추어 가는 때에 학교 이름을 Flower Gaden School이라고 정했는데 어느 날 서류에 보니 지역 이름인 Buzi Christian Primary이라고 한마디 상의도 없이 이름을 바꾸어 버렸다. 너무나 어이가 없고 기가 막혔다. 왜 이름을 바꾸었냐고 했더니 지역 이름을 넣어야지 이 지역 사람들에게 친밀감을 주기 때문이라고 했다.

아무리 행정적인 것을 도와달라고 부탁했어도 이름을 바꾸는 것은 적어도 나와 상의는 해야 하는 것 아닌가. 정말 예의도 매너도 없는 선임이었다. 선교지에서 생기는 이런 일들은 참 씁쓸한 이야기들이다.

에피소드 2

처음에 와서 비자를 내려면 편지를 받아야 하는데 케냐에 가는 인편에 보내달라고 부탁을 했더니 해주지 않았다. 그래서 스페셜 비자를 50달러를 내고 받게 하였다. 우리가 식구가 많고 후원이 없으면 도와줘야지, 돈도 없는 사람들에게 50달러를 내고 스페셜 비자를 받게 하냐면서 아내는 조목조목 조리 있게 따져 물었다. "당신은 여기서 품 팔아서 사냐, 당신도 후원받아 사는 선교사가 어떻게 후원이 적다고 무시하고 이렇게 대우하냐. 왜 비자를 안 주려고 하냐"라고 물으면서 "당신이 안 주려고 하는 것이냐, 아니면 본회 회장님이 안 주는 것이냐" 하고 물었더니 대답을 못했다고 했다.

아내는 원래 조용하고 내성적인 성격인데, 이런 일에 의외로 담대하게 대처했다. 한국에서 컨테이너 사건 때문에 기도도 많이 하고 확실한 응답을 받았기 때문에 그렇게 담대하게 말할 수 있었으리라. "나는 당신들이 가라고 해도 못 간다. 왜냐하면 하나님께서 보내셨기 때문에 하나님께서 가라고 해야 갈 것이다." 이렇게 말하면서 비자 받을 편지를 빨리 보내라고 했다. 그렇게 해서 비자도 받게 되었다. 하지만 어떻게 그 많은 사건과 일들을 일일이 지면으로 다 말할 수 있겠는가?

교사 월급 문제와 학교 이름 바꾼 문제, NGO 이사에 나를 빼고 케냐에서 사역하는 자신의 이름을 넣어 놓고 나를 속이고, 우리 학교에 와서는 교사들에게 자기가 이 학교로 오게 기도해 달라고 부탁하고 가고(나중에 교사들이 나에게 말해서 알게 되었던 사실) 학교 10년을 운영하는 동안에 얼마나 나를 무시하고 힘들게 했는지 모른다. P.O Box key 사건으로 감정을 억제하지 못하고 몸싸움까지 하는 지경에 이르기도 했다. 아직도 죽지 않은 자아로 그렇게 천방지축인 나를 하나님은 이런 기막힌 일들을 통해서 당신께서 원하시는 모습으로 만들어 가시는 것이었다.

아브람을 아브라함으로 만들어 가시는 하나님, 야곱을 이스라엘로 만들어 가시는 하나님이시다. 어리석은 나를, 하나님을 의지하지 못하고 내가 왕인 양 내 맘대로 사는 나를, 영어를 하지 못하는 나를, 영어를 사용하기에 내가 원하는 것을 말하지 못하는 우간다까지 보내셔서 나를 만드시는 것이다. 여전히 죄스럽고 아직도 버리지 못하는 못된 성질이 나에게 있다. 살아서 내 안에 계시는 주님이 일할 수 없게 하는 것을 가끔 깨닫기도 하는데, 아직도 이러고 있는 나를 참아주고 계시는 주님께 감사할 뿐이다.

2부
선교지에서 보낸 편지

2013년 10월 12일 편지

샬롬!
주님의 이름으로 문안드립니다.
시월이라는 말은 느낌만으로도 좋은 것 같습니다.
가정과 교회 모두 평안하신지요?
저희들도 사랑과 기도의 은혜로 평안합니다.
6월, 하나님의 은혜 가운데 큰아들이 결혼했습니다.
기도해주시고 격려해주셔서 감사합니다.
저희들은 한국에서 8월 7일 출국해서 우간다로 들어왔습니다.
감사한 것은 생각지도 않았던 어느 선교회 후원으로 그동안 타던 자동차(97년식)를 팔고 CRV 2003년식 차로 바꾸게 되었습니다.
전에 타던 차는 승용차라서 섬으로 가는 비포장 길을 가는 데 여러 가지로 힘들었는데 이제는 다니기가 수월해졌습니다. 감사드립니다.

나미티 섬에서는 지금 성전 건축이 진행중입니다.
온 교인들이 오랫동안 기도하고 준비해서 시작했습니다.
벽돌도 잔금이 모자라 기다려야 했고 시멘트를 약속했던 사람이 약속을 어기고······.
그러던 중에 셋째 아들이 나이지리아 대우건설에 입사하여 첫 열매 4,500$를 보내와서 성전 건축에 함께 동참하게 되었습니다.
시멘트와 철근을 사서 지금 벽돌을 쌓기 시작했습니다. 이후에 헌

자동차도 팔아서 후원하면 지붕까지는 덮을 수 있을 것 같습니다.
그래도 창문과 미장, 마무리하는 일은 또 다른 천사를 기다려야 할 것 같습니다.
하나님께서 또한 돕는 손길을 허락하시리라 믿고 감사하면서 주님을 기대하고 있습니다. 함께 기도해주십시오.

섬에 아직 무너진 학교 지붕이 고치기에는 너무 망가져 다시 지어야 해서 우리의 마음을 무겁게 합니다. 계속해서 쏟아부어야 하는 일들이 보이는데 할 수 없어서 주님만 바라볼 뿐입니다.

진자에서는 어린이들을 집으로 불러 성경공부를 시작했습니다. 집 주변에 있는 교회에 출석하면서 주일학교를 섬기고 있는데 성경공부를 해야 할 필요를 느끼고 이제 시작했습니다.
이 모임이 커져 어린이 교회가 되기를 기도하고 있습니다. 함께 봉사할 헌신된 교사가 필요합니다. 주님께서 좋은 동역자들을 보내주시기를 기도해주십시오.

성령의 바람이 불어 우간다에 주님의 역사를 이루는 날이 오기를 기대합니다.
주님께서 하시는 일을 함께 체험하시는 은혜가 있는 10월이 되기를 기도하면서 이만 줄입니다.

2013년 10월 12일
우간다에서 오병이어 드림

2014년 10월 13일 편지

샬롬!

이렇게 귀한 청년들과 함께 선교지 소식을 나누게 되어 감사합니다.

우간다에 사는 저희는 한국과 멀리 떨어져 있어서, 한국에서 오는 소식에 목말라하고 있습니다.

저희에게는 5명의 자녀들이 있습니다. 우간다에서 고등학교를 졸업하고 한국으로 나가서 대학을 마치고 아직 공부를 더하는 자녀도 있고, 일하는 자녀도 있어서 그런지 청년들이 남다르게 느껴집니다.

저희는 수도 캄팔라에서 약 80km정도 떨어진 제2의 도시인 진자라는 곳에서 삽니다. 나일 강의 근원지이기도 합니다.

10년 동안 초등학교 사역을 하다가 지금은 섬 사역을 하고 있습니다. 눈에 보이는 사역을 많이 하지도 못하는 선교사입니다.

주님께서 이 땅을 보시는 마음과 눈으로 이 땅과 이 민족을 위해 중보하는 자들입니다.

선교지를 위해서는 무엇보다도 중보기도가 큰 힘이 됩니다.

주님께서 이곳을 위해 무엇을 기도해야 하는지 아시기 때문에 성령님의 인도하심으로 기도해주시면 그것이 영적 싸움에서 가장 큰 힘과 무기가 되리라고 생각합니다.

요즘은 이 땅을 잡고 있는 외로움의 영들과의 전쟁 중입니다.

사탄은 이 외로움을 통해서 거짓으로 속이고, 분노를 쌓게 하고, 음란으로 범죄케 하기 때문입니다.

선교지에 궁금하신 것이 있으면 언제든지 연락 주십시오.
이렇게 서면으로라도 알게 되어 반갑습니다.
종종 소식 주십시오. 감사합니다.

2014년 10월 13일
우간다에서 오병이어 드림

('오병이어'는 우리 가족 닉네임입니다. 5명의 자녀와 2명의 부모,
또 5명의 남자와 2명의 여자라서 붙였습니다.)

2015년 12월 10일 편지

샬롬!

주님의 이름으로 12월의 길목에서 우간다 오병이어 가족이 문안드립니다.

한 해 동안도 염려와 사랑으로 기도해주시고 사랑해주셔서 은혜로 살 수 있었음에 감사드립니다.

사역으로는 빅토리아 호수 안에 있는 섬 어린이들을 말씀으로 양육하고 또한 집 근처에 있는 현지 교회 주일학교 어린이들에게 토요 성경 공부를 시작하게 되어 감사드립니다.

2지역의 섬에 있는 HIV 양성 반응자들(어린이 21명, 어른 30명)에게 작은 선물을 가지고 다가가 말씀을 전하는 일이 생각보다 반응이 좋아 감사하고 작은 일을 시작하게 하셨음에 감사드립니다.

숨기고 살던 자신들을 개방하며 마음의 문을 쉽게 열어주어 주님을 영접하는 자가 생기고 있어서 너무나 감사드립니다.

또한 어느 교회 목사님의 후원으로 섬에 있는 초등학교 어린이 21명에게 장학금을 전달하여 전도의 문을 열게 하셨음에도 감사드립니다.

또한 멋진 장로님의 후원으로 케냐 선교사님들과 협력해서 성경 세미나를 1, 6, 12월에 연 3회에 걸쳐 열게 하심에 감사드립니다.

말씀이 갈한 사람들이 꿀송이처럼 말씀을 받아먹는 은혜가 있었음에 감사드립니다.

가정적으로는 둘째 아들의 결혼이 3월에 있었고, 막내 아들이 5월에 한전 연구원으로 입사하였고, 첫째 아들이 7월에 강도사 고시에 합격하는 은혜가 있었습니다. 셋째 아들은 9월에 아프리카 여행을 마치고 우간다에 들어와서 사업을 계획하고 있습니다. 딸은 교통사고가 있었지만 크게 다치지 않아서 감사하고 있습니다.
자녀들을 돌보시고 인도하시는 하나님께 감사드리고, 사랑의 마음으로 함께 기도해주시고 사랑해주신 모든 선교 동역자님들께 감사드립니다.

사모가 허리가 많이 아프고 오른쪽 다리가 아파서 12월 15일에 함께 한국에 들어가서 진단과 치료를 받고 올 예정입니다. 잘 치료 받고 올 수 있도록 위해서 함께 기도해주시고 좋은 의원이 있으면 소개해주십시오.

한 해 동안 함께하신 하나님의 은혜로 감사하고 기뻐하면서 찬송하면서 마무리하시기를 기도하면서 줄입니다. 감사합니다.

2015년 12월 10일
우간다에서 오병이어 가족 드림

2016년 2월 24일 편지

샬롬!
주님의 평안이 가정에, 교회에, 사역 위에 충만하여 넘치기를 기도합니다.

우간다의 저희들도 주님의 은혜 안에 건강하고 평안함을 전합니다. 2월 18일에는 우간다 대통령 선거가 있었지만 큰 사고 없이 지나 감사했습니다. 30년간 통치하던 71세 무세베니 대통령이 다시 당선되어서 말은 많지만 큰 사고는 없었습니다. 이제 새로운 통치 기간 동안 우간다가 더욱 발전하며 신앙도 든든히 서갈 수 있도록 기도해주십시오.

저희는 지난 12월 16일에 한국에 들어가서 한국에 머무는 동안 아내 허리를 치료받았습니다. 하나님의 은혜로 둘째 아들이 딸을 낳아 두 번째 손녀를 만났고, 저의 60회 생일을 맞아 가족과 함께 좋은 시간을 보내고 1월 31일에 출국하였습니다.
그동안 기도해주시고 여러 모양으로 사랑해주셔서 감사합니다. 그 사랑에 힘입어 선교지에서 더 사랑하며 살도록 계속 기도해주시기를 부탁드립니다.

2월 8일부터 18일까지 한국에서 4명의 선교팀이 들어와서 나미티 교회에서 성령집회를 열었습니다. 열정을 다해 찬양하고 뜨겁게 기도하며 많은 심령들이 변화하는 은혜가 있었습니다.

이번 팀에서 섬에 지을 미션하우스에 3천 불을 지원하였고, 교회 앰프시스템과 경운기 등을 구입할 경비를 지원하셨습니다. 오신 분들이 교육부모를 자원해 중학생 2명이 학비 지원을 받게 되었습니다. 감사를 드립니다.

하나님께서 이 섬 사역에 많은 관심이 있으심을 확인하게 되었습니다.

저희들이 미션하우스를 지으려고 기도할 때 한국에서 어느 여자 목사님이 3백만 원을 헌금해주셔서 짓는 것을 기뻐하심을 알았습니다. 그리고 집을 지으면 우리가 아예 섬으로 들어가서 살아야겠다는 생각을 하고 있었는데 이번 성회가 끝나고 다른 선교사님의 사역지를 방문하면서 그 선교사님을 통해 들어가라는 음성으로 듣게 되었습니다.

그렇지만 전기도, 물도 없는 섬에서 산다는 게 저와 아내에게는 많은 두려움이 있습니다. 믿고 순종하며 두려움 없이 성령 충만하여 기쁨으로 갈 수 있도록 계속 기도해주시기를 부탁드립니다.

어느 교회의 후원으로 HIV 환자들에게 한 달에 한 번씩 지원하던 것을 이번 한국 방문 중 어느 장로님의 후원으로 두 번씩 지원하게 되었습니다.

지난해 남은 후원금으로는 이번 학기에 초등학생 20명 정도에게 장학금을 전달하려고 합니다.

하나님께서 이렇게 많은 분들과 가장 연약한 저희들과 함께 일하시고 계심에 감사드립니다.

앞으로 이 섬을 향한 하나님의 어떤 계획이든 저희가 순종하며 나아갈 수 있도록 계속적인 기도의 지원을 다시 한번 부탁드립니다.

또한 저희 자녀들이 우간다에서 사업을 할 계획을 가지고 있습니다. 셋째는 이미 들어와 있고 둘째가 다음 달에 들어올 계획입니다. 어떤 일을 하든 하나님과 먼저 연합하고 믿음으로 할 수 있도록 기도를 부탁드립니다.

또한 교회 건축 마무리와 미션하우스를 짓는 일에 사탄의 방해가 없도록 기도 부탁드립니다. 주님의 시간에 맞추고, 현지인의 시간에 맞출 수 있는 인내도 주시기를 기도해주십시오.

늘 기도로 물질로 함께 동역하시는 교회와 여러분들의 삶과 가정과 사업과 생애 위에 날마다 주님으로 꽉 채워지는 은혜가 있기를 기도하면서 이만 줄입니다.

감사합니다.

2016년 2월 24일
우간다에서 오병이어 가족 드림

2017년 12월 18일 편지

"지극히 높은 곳에서는 하나님께 영광이요 땅에서는 기뻐하심을 입은 사람들 중에 평화로다"(눅 2:14).

샬롬!
주님의 은혜 안에 평안하신지요?
2017년도 어느덧 며칠 남지 않은 시점에서 한 해를 돌아보며 감사와 찬양을 돌리고, 연약함으로 게으름으로 보낸 시간을 회개하며 무릎으로 엎드립니다.

외딴섬에서 소외된 채 사는 사람들을 만나고 HIV 양성 반응 환자들을 만나고 어린이들을 만나고 한국에서 목사님과 팀이 오셔서 성령 집회를 했습니다.
케냐 선교사님들과 성경 세미나와 어린이 성경학교를 하고, 그들이 사는 그곳에 교회를 짓고 집을 지으며 한 해를 보냈습니다.
눈에 보이는 것이 없는 외로운 삶이지만 주님의 뜻이 이루어질 줄 믿으며 한 걸음씩 그냥 걸어갑니다.

올해는 우간다 정부에서 작은 물고기 잡는 것을 금하면서 섬에 많은 어려움이 있었습니다.

군인들과 검사반들이 작은 그물과 작은 배들을 모두 거두어 불태우고 사람들을 고문하면서 고통을 겪고 있고 섬을 떠나는 사람들도 많습니다. 배와 그물을 빼앗기고 고기를 잡을 수 없어서 생계가 어려운 사람들이 늘어 하루 한 끼로 사는 사람들이 많다고 하는 안타까운 소식입니다.

또한 학교에 다니는 학생들이 학비가 없어 어려움을 겪고 있는 안타까운 현실을 봅니다. 현재 학비를 보조해주는 어린이는 초등학생 1명, 중학생 4명인데, 더 늘리려고 합니다.
 월 3만 원으로 중학생 교육부모가 될 수 있습니다.
 월 1만 원으로 초등학생 교육부모가 될 수 있습니다.
 집안 형편으로 공부하지 못하는 많은 어린이들이 교육의 혜택을 받을 수 있도록 교육부모가 될 분들을 연결하고 있습니다.

 연락처 : 정명선 카톡 아이디 africa2fish
     농협 김기일 310-02-070713
     국민은행 정명선 042602-04-169879

많이 홍보해주시고 기도해주십시오. 문의는 카톡으로 해주시면 빠르게 답을 드리겠습니다. 연결되면 어린이 사진과 가족 상황을 보내드리도록 하겠습니다.

집을 짓는 일은 벽돌로 벽만 쌓고 아직 쉬고 있습니다. 건축을 맡은 분의 부인이 아파서 중단되었다가 내년 1월에 계속하게 될 것 같습니다.

물가가 오르고 섬이기 때문에 운반비와 기술자 확보가 어렵고 건축비가 생각보다 많이 듭니다. 건축비 후원을 받지 않고 짓는 집이라 그분이 완공하시리라 믿고 기도하고 있습니다.

함께 기도로 후원해주십시오.

한 해의 끝자락 12월에 주님의 은혜로 산 삶을 감사하며 맞이할 새해를 기대합니다.

한 해 동안 마음으로 사랑해주시고, 전심으로 기도해주시고, 땀 묻은 소중한 물질로 후원해 주심에 진심으로 감사드립니다.

함께한 귀한 동역에 주님의 눈에 아름다운 소중한 영혼이 살아나는 열매들이 맺어지기를 기도합니다.

하늘의 영광을 버리고 이 땅에 오신 하나님의 사랑이 우리 모두의 영혼에, 삶에 넘쳐 흘러 이웃에게로 전달되는 은혜가 있기를 소원해봅니다.

맞이하는 새해는 더욱 주님과 가까이 동행하는 은혜가 있기를 기도하며 성탄 카드로 대신합니다.

2017년 12월 18일
우간다에서 오병이어 드림

2019년 1월 31일 편지

샬롬!

새로운 각오와 결심으로 새로 시작한 올 한 해, 하나님의 넘치는 은혜와 간증이 있는 한 해가 되시기를 기도합니다.

저희들도 하나님의 은혜로 장인어른을 천국으로 보내드리고 슬픔을 채 잊기도 전에 사랑하는 딸 민아가 결혼식을 올리고 축복된 가정을 이루는 것을 보게 하셔서 너무 감사한 날들을 보내고 우간다로 1월 7일에 돌아왔습니다.

기도해주시고 후원해주시는 분들을 다 찾아뵙지 못하고 와서 송구한 마음입니다.

우리가 한국으로 들어간 동안에 여자 청년 하나가 집을 지키고 있었는데, 이웃의 좀도둑이 들어와서 무서워서 도망을 갔습니다. 다행히 이웃에 계시는 선교사님에게 연락이 되어서 사람을 구해서 집을 지키고 있었습니다. 집에 있는 작은 것들을 가져가기는 했지만 집을 지켜주신 하나님께 감사를 드립니다.

저희들의 안전을 위해서도 계속적인 기도를 부탁드립니다.

우간다는 1년 중 제일 긴 건기를 맞이하여 상당히 덥고, 흙먼지가 많고 건조합니다. 그리고 정치, 경제 등 여러 면으로 많이 불안하여 서민들의 아우성이 들립니다.

　키레웨 교회 건축은 함석으로 지붕을 덮는 데까지 마쳤습니다.
　잘 마무리되기를 계속 기도해주십시오.

　나미티 섬에 짓는 미션하우스 공사도 빨리 진행되도록 기도해주십시오. 섬에 교회를 짓는 일을 지원하는 것이 소문이 났는지 이웃 교회(자구시섬과 루비앙섬)들이 교회 건축 공사가 중단된 상황을 알리며 지원을 요청하고 있습니다.
　이웃 섬들을 돌아보며 주의 교회들을 살펴볼 수 있도록 기도해주십시오.

　섬사람들의 생활 형편은 많이 좋지 않습니다.
　정부에서 작은 고기를 마구 잡았다고 어업을 2개월 동안 중단시키는 바람에 수입원이 없어서 울상입니다. 2월 4일부터 맞이하는 새 학기 학비 때문에 부모님들이 울상입니다.
　다행히 교육부모를 자처하시는 선한 분들로 11명의 학비를 지원했습니다. 아직 후원을 기다리는 학생들이 많은데 이를 위해서 기도를 부탁드립니다.

　늘 성령의 인도하심을 기대하는 하루하루가 되어 올 한 해 동행하는 기쁨을 누리시기를 기도하면서 줄입니다.

2019년 1월 31일
우간다에서 오병이어 드림

2019년 8월 22일 편지

샬롬!
무더위에 주님의 은혜 안에 교회와 가정 모두 평안하신지요?
우간다의 저희들도 주님의 은혜로 살고 있음을 감사드립니다.

7월 8~18일 무교회 지역 선교회에서 18명의 전도팀들이 우간다 빅토리아 호수 안에 있는 섬들을 방문하여 10일간 전도 사역과 함께 어린이들을 위한 성경학교를 열어주셨습니다.

나미티 섬을 비롯해서 키레웨, 자구시, 루비앙 섬까지 주변 섬들의 성도들에게도 전도하는 방법과 함께 전도의 문을 여는 방법을 가르쳐 주는 기회가 되었습니다.

나미티와 키레웨 어린이들을 모아 여름 성경학교를 3일간 진행하

여 섬 어린이들에게 많은 도전과 생전 처음 경험하는 새로운 세계를 체험하는 시간을 제공해주셨습니다.

키레웨 섬에 교회 건축을 진행하여 완공 단계에 있고, 자구시 교회의 교회 지붕 공사를 진행하고 있으며, 루비앙 교회에도 교회 지붕 공사를 잠정적으로 약속해주셔서 기도의 활력을 더하고 있습니다. 나미티 교회에는 악기와 앰프 시설을 기증해주셨습니다.

팀을 맞이하느라 미션하우스의 공사가 계획보다 빨리 진행하게 되었지만 완공되지 않은 상태에서 18명의 전도팀들이 리얼 아프리카 체험을 하고 가셨습니다.

우간다 사람들이 좋아하는 축구를 할 수 있도록 축구공을 섬마다 제공해주셔서 생활에 활력을 더해주셨습니다. 1년 반 이상 회원들이 함께 기도하며 많은 물품을 가지고 오셔서 전도의 씨를 뿌리고 수고하신 무교회 지역 선교회원들에게 감사드립니다.

울산의 장로님께서 국제 기드온협회 성경 100권을 기증해주셨습니다. 감사를 드립니다. 이 성경을 통해 많은 영혼들이 예수 그리스도를 체험하고 믿음으로 구원에 이르도록 기도해주십시오.

교육부모 후원자 여러분께도 감사를 드립니다. 현재 12명의 학생들이 교육 부모님들의 후원으로 공부하고 있습니다.

8월 23일에 두 번째 학기 방학에 들어가서 9월 16일부터 11월 29일까지 세 번째 학기가 시작됩니다. 학비가 밀려서 선교사가 어려움을 겪지 않도록 기도해주시고 마음 써 주시기를 부탁드리며 방학을 주님의 은혜로 잘 지내도록 기도해주시기 바랍니다.

기도 제목

1. 이번 전도팀들이 뿌린 씨앗들이 열매를 맺어 많은 영혼들이 예수님께로 돌아오는 역사가 일어나기를 함께 기도해주십시오.
2. 미션하우스는 공사가 거의 마무리되었지만 공사비가 모자라 인건비를 지급하지 못하고 있어 후원이 필요합니다. 위해서 기도해주십시오.
3. HIV 환자들을 위한 사역이 영혼을 구원하는 열매로 나타나기를 기도해주십시오.
4. 어린이 사역이 활성화되도록 기도해주십시오.
5. 아직 결혼하지 못한 두 자녀들(셋째, 다섯째)의 결혼을 위해서 기도해주십시오.

늘 기도해주시고 함께 사역을 해주심에 감사드립니다.

2019년 8월 22일
우간다에서 오병이어 드림

2019년 11월 28일 편지

샬롬!

주님의 은혜 안에 가정과 교회와 하시는 사역이 평안하신지요?

우간다의 저희들도 주님의 은혜로 지내고 있습니다.

올해는 건기가 없이 계속 비가 와서 농작물 값이 뛰어 서민들이 울상입니다.

내년에 있을 대선과 연말을 맞아 경기와 정치적 안정이 많이 불안한 상태입니다. 선교사의 가정과 신변의 안전을 위해서도 기도해 주시길 부탁드립니다.

한 해를 돌아보며 마무리를 해야 하는 시점에 온 듯합니다. 매일의 삶이 주님의 인도함이었듯이 한 해 동안의 삶 또한 주님의 은혜였음을 고백하게 하는 시간입니다.

올 한 해도 우간다 사역을 위해서 함께 기도하며 사랑의 마음으로 함께 동참해 주심에 감사를 드립니다.

올 한 해는 여러 가지 건축의 일로 분주한 한 해였습니다.

미션하우스는 아직 미팅룸 공사가 남았습니다. 벽을 쌓고 문을 달아야 해서 약 300만 원 정도가 필요합니다.

또한 담이 없어 염소, 소, 돼지 등 각종 동물들의 놀이터가 되어서 담장을 치는(200만 원 정도) 일이 급하게 되었습니다. 기도해주십시오.

나미티 섬의 미션하우스　　키레웨 섬의 교회　　자구시 섬의 교회 지붕 공사

　가운데 키레웨 교회는 미장을 마쳤고 페인트칠로 마무리가 남았습니다.
　교회 건축을 통해 성도들이 마음이 하나가 되고 기도의 불을 붙여 신앙이 성장하는 은혜로 열심을 내고 있습니다.

　자구시 교회는 트러스와 함석을 씌워 지붕은 마무리하였습니다. 나머지 창문과 미장은 교인들의 힘으로 하도록 지켜볼 예정입니다.

　7월 무교회 지역 선교회의 방문으로 4개 섬에서의 전도 사역이 많은 반응을 일으켰고 전도의 열매들이 교회마다 조금씩 맺고 있음에 감사를 드립니다.
　어린이 성경학교를 통해 섬 어린이들에게 꿈의 세계를 현실로 만나는 기쁨을 맛보게 했고, 미션하우스 건축을 앞당기게 되었습니다.
　HIV 환자들 중 3명이나 생명을 잃는 가슴 아픈 일도 있었습니다. 우리가 하는 모든 일 가운데 역사하시는 주님의 은혜를 깨달아 믿음이 성숙해지는 시간이었습니다.
　저희는 막내아들 민석이가 결혼을 하게 되어 아들 결혼하는 일에 아무것도 해주지는 못하지만 참석은 해야 하겠기에, 한국에 들어가게 되었습니다. 기도로 함께 축복해주시기를 부탁드립니다.

지난해 임플란트를 하려고 기둥을 심고 왔는데 그것이 빠져 치과 치료가 필요하여 조금 일찍 들어가게 되었습니다. 잘 치료하고 올 수 있도록 기도해주십시오.

한국에 있는 동안 영과 육이 건강하게 잘 충전되어 올 수 있도록 기도 부탁드리면서 일일이 다 찾아뵙지 못해 인사로 대신합니다.
감사합니다.

2019년 11월 28일
우간다에서 오병이어 드림

2021년 2월 2일 편지

샬롬!
주님의 평강과 은혜가 가정과 교회와 사역 위에 흘러 주변 사람들에게까지 넘쳐나기를 기도합니다!

2021년 새해 인사도 드리지 못하고 1월을 다 보내고 2월을 맞이하였습니다. 늦었지만 새해에는 주님과 더욱 가까이하는 한 해가 되시기를 기도합니다.

그동안 막내 결혼으로 한국에 들어왔다가 이제껏 사역에 복귀하지 못하고 한국에서 코로나 안식년을 보내고 이제 2월 18일 우간다로 복귀하게 되었습니다.
사역지를 떠나 한국에서의 생활은 사역지에서의 생활보다 더 마음이 불편하고 비싼 물가로 인해 생활의 어려움도 있었습니다.
하지만 자상하신 하나님의 은혜와 도우심으로 하나님이 기뻐하시는 사람들을 동원하시어 돌봐주시는 은혜 또한 누리는 감사의 시간이기도 했습니다.
물심양면으로 사랑해주시고 기도해주신 분들께 감사드립니다.

COVID-19 백신이 개발되었지만, 여전히 두려움이 가시지 않는 전 세계를 바라보며 오직 하나님의 은혜만을 기대할 뿐입니다.

모든 일상을 멈추고 우리의 마음을 하늘을 향하고 주님의 뜻을 묻고, 나를 살펴 회개하는 시간을 갖게 하시며, 말세를 삶으로 느끼며 주님을 맞이할 준비하는 시간으로 삼게 하셨음을 감사드립니다.

우간다는 지난 1월 대선과 총선, 지자체 선거를 치르면서 시끄러운 나날을 보냈습니다.

코비드가 한창 진행 중에 정치인들의 선거 운동으로 사람들이 많이 모였고, 과격한 정치집회와 시위로 지난 11월과 12월에는 50여 명이 넘는 시위대와 군중이 군경의 총격에 목숨을 잃었습니다.

1월 14일 대선을 마치고 야당 후보 지지자들이 대대적인 시위를 예상했지만, 대선 전과 같이 시위대와 시민이 목숨을 잃는 시위는 발생하지 않았습니다. 아직 일부 지역별로 작은 시위가 발생하고 있지만, 크지는 않은 것 같습니다.

저희 사역지에도 많은 변화가 있었고 무엇보다 경제침체로 서민들의 삶은 더욱 어려워지고 있음을 전해 듣고 있습니다.

코로나의 어려움 가운데에서도 루비앙 교회는 건축을 시작하여 벽돌을 다 쌓았고 지붕 공사를 기다리고 있다는 감사한 소식도 있습니다.

후원하는 선교회에서도 지붕 공사 후원금을 준비하셨다고 합니다. 어려운 중에도 주님의 전을 짓기에 수고를 다한 루비앙 교회 성도들에게도 감사하고 이를 위해 사랑으로 기도하며 후원을 아끼지 않은 선교회에도 감사를 드립니다.

안타까운 소식은 HIV 사역을 돕던 교회와 사업하는 분들의 어려움으로 후원을 중단하게 되어서 환자들의 어려운 상황이 더 어려워졌음에도 도울 수 없는 안타까움이 있습니다.

학생을 키우는 교육부모 후원 중 몇 분들이 후원을 못하고 있어 학업을 멈춰야 하는 학생들이 있게 되어 안타까운 마음입니다.

HIV사역과 교육부모 사역을 위해 사랑의 마음을 담아 기도해주시길 부탁드립니다.

아직 야당 후보 지지자들의 선거 후 지역별 시위가 멈추지 않고 있는 상황이 있어 위험 요소들이 있을 때 들어가는 선교사의 안전을 위해서도 기도해주시기를 부탁드립니다.

선교지에 들어가서 다시 소식 드리겠습니다.

감사합니다.

2021년 2월 2일
우간다 오병이어 드림

2021년 3월 19일 편지

샬롬!

주님의 은혜와 사랑으로 가정과 섬기시는 교회와 사역이 평안하신지요? 저희도 주님의 은혜와 많은 분들의 기도로 무사히 우간다에 도착하였습니다.

1년이 넘도록 한국에서 지내다가 돌아온 우리를 맞이하는 우간다는 여러 가지로 우리를 당황스럽게 만들며 우리를 환영하였습니다.

24년이 넘도록 사용한 전화번호가 없어져 당황하게 하였습니다 (새로운 번호 김기일- +256 0783-564-907, 정명선- +256 0783-687-681).

코로나로 온 세계가 혼란한 뉴스 속에서 지내다 온 우리는 코로나 청정 지역에라도 온 것처럼 거리에는 마스크도 없이 자유롭게 활보하는 사람들을 보며 당황하였습니다.

집에 들어와서는 일하는 사람이 있었지만 사람 사는 집이 아닌 것처럼 풀은 자라 있고 뱀이 출몰하여 놀라게 했고, 집 안은 온통 먼지로 덮여 있었으며, 냉장고는 전기가 공급되지 않아 다 썩고 상해서 버리고 다시 구입하게 되었습니다.

섬에는 도둑이 현관문을 부수고 다녀가서 유리창이 깨지고 현관문이 고장이 났지만 큰 피해는 없어 하나님이 지키셨음을 깨닫는 시간이었습니다.

이 모든 상황에도 감사하게도 마음은 평안하고 이런 일들이 별로 우리를 흔들지 못하고 감사하며 받아들일 수 있는 것 또한 은혜인 것 같습니다.

루비앙 교회는 귀한 무교회 지역 선교회의 지원으로 지붕 공사를 바로 시작할 수 있게 되었습니다. 감사를 드립니다. 이미 트러스 목재는 주문을 했고, 빠르면 다음주에는 공사를 시작할 수 있을 것으로 생각됩니다. 성전 짓는 일에 있어서 사탄의 방해를 받지 않도록 온 성도와 교회가 기도할 것입니다. 함께 기도해주십시오!

코로나로 많은 사람들이 왕래할 수 없는 상황에서도 새로운 방법으로 일하시는 하나님을 찬양하며 더 많은 하나님의 사람들로 생명을 살려내시리라 믿습니다.

대통령 선거가 끝났지만 야당의 반발과 지지자들의 잦은 시위로 정치·사회적으로는 매우 불안한 상태라서 수도인 캄팔라 인근 지역에서는 진압하는 경찰들과의 마찰로 움직이기가 위험한 상태입니다. 그래서 대사관에서는 계속 외출을 자제하라는 통지를 보내고 있는 상황입니다. 그래서인지 인터넷과 전화도 소통이 늦고 잘 안 되고 우간다 정부에서 페이스북도 막아놓아서 열리지 않습니다.

교회는 면역력이 약한 어린이들은 아예 모이지 못하고, 어른들도

60명으로 제한하고 있으며, 학교는 6, 7학년만 수업을 하고 있습니다.

그렇지만 이곳(저희가 살고 있는 제2도시 진자 지역) 주민들은 마스크를 쓴 사람이 마켓에나 가야 볼 수 있고 더워서인지 그나마 턱에 걸치고 있는 사람들이 대부분이라 코로나를 별로 인식하지 않고 살고 있는 것 같습니다.

섬 상황도 많이 좋지 않습니다. 주로 잡히던 나일퍼치(농어 종류 물고기)가 이유 모를 떼죽음을 당해서 고기를 잡지 못하고 붕어 종류인 텔레피아도 정부에서 보호하느라 규제가 심해서 어부들이 섬을 많이 떠났습니다. 또한 호수물이 불어서 많은 집들이 물에 잠겨 섬을 떠나거나 거처를 옮겨야 해서 땅 때문에 많은 갈등과 싸움이 일어나고 있습니다.

저희도 나미티 교회 땅에 미션하우스를 지었는데, 주민들이 교회가 너무 많은 땅을 차지했다고 시비를 걸어와서 아직 공사 비용이 준비되지 않은 담을 빨리 만들어야 하는 상황이 되었습니다.
기도해주십시오!
또한 미션하우스 미팅룸 공사도 시작하려고 모래를 사서 벽돌을 찍을 준비를 하고 있습니다.
함께 기도해주십시오!

지금은 새로운 시대로, 어쩌면 우리가 막연하게 생각하던 그 말세의 문에 들어온 느낌이 듭니다. 더욱 새로운 각오와 마음으로 시작하고, 새로운 일을 펼쳐 가실 하나님을 기대하며, 다시 한번 우리 자신들을 점검하는 시기라는 생각이 드는 시간입니다.

저희들도 더 충성되게, 더 진실하게 주님 앞에 서는 시간이 되기를 다짐하며 늦었지만 우간다 귀국 인사를 올립니다.
감사합니다.

2021년 3월 19일
우간다에서 오병이어 가족 드림

2021년 6월 26일 편지

샬롬!
전에 없었던 시대를 살아가고 있는 우리들의 삶에 주님이 주시는 은혜와 기쁨이 있기를 소원하며 우간다에서 인사드립니다.
섬기는 교회와 가정이 주의 은혜로 두루 평안하신지요?

이곳 우간다는 작년에 코로나를 인식하지 않고 지내다가 요즘은 감염과 비감염, 증상과 무증상자를 구분하기도 어려운 상황입니다. 코로나 증상이 이곳에서 많이 앓는 감기나 말라리아와 비슷해서 더욱 구분하기가 어려운 것 같습니다.

지난 5월 말부터 갑자기 확산되어 확진자가 하루 1,700명(외국인을 포함하면 2,000명) 이상이 되면서 6월 6일 대통령 명령으로 제한 조치를 발표하였습니다. 그리고 다시 18일 2차 강화 제한 조치를 발표하여 모든 대중교통과 개인 차량 이동 금지 명령, 지역 간(군 단위) 이동 금지, 모든 종교 시설 모임 금지, 방역과 생계 관련 필수 업무지를 제외하고 모두 영업정지, 사무실 근무자 30% 이내 근무, 학교 휴교령이 발령되었습니다.

집 밖에는 걸어서 다니는 것 외에는 움직일 수 없는 상황이 되었습니다. 자동차가 움직이려면 RDC 사무실이나 경찰서에서 분명한 사유로 허가증을 받아야만 움직일 수 있게 되었습니다.

저희 가정도 아내가 코로나에 감염되어 고생을 많이 하였습니다. 집에 비가 새고 낡아서 집주인이 고치려고 일꾼들을 불렀는데 그때 집이라 마스크를 쓰지 않아서 감염된 것으로 생각됩니다.

그래도 감사한 것은 병원에도 가지 않고 집에서 기도하면서 약을 먹고 하나님의 은혜와 많은 사람들의 기도로 회복이 되고 있습니다. 감사를 드립니다. 우간다와 저희들의 건강을 위해서 계속 기도해주시기를 부탁드립니다.

이런 상황 가운데에서도 하나님은 일하고 계십니다.

또한 루비앙 섬은 인구가 3천 명 정도 되고 상업이 성행하여 장사꾼들이 많아 많이 세속화되었고 지난해 호숫물이 많아져서 50가구가 물에 잠겨 이주하는 아픔이 있는 섬입니다.

교회 성도는 80명 정도 되고 열심히 기도하고 전도하는 교회입니다. 저희가 한국에서 돌아오니 교회 벽을 다 쌓아 놓고 기다리고 있었습니다. 감사하게도 무교회 지역 선교회에서 후원하여 지붕 공사를 하고 있습니다. 여러 가지 해프닝이 있지만 은혜로 잘 완공될 줄 믿습니다.

코로나 팬데믹으로 섬의 교회들과 사람들이 나오지도 못하고 갇혀서 먹을 양식도 조달이 어려운 상황을 무교회 지역 선교회에서 듣고는 옥수수 가루 2,000kg을 후원해주셔서 6개 섬, 6개 교회 식구들과 함께 기쁨으로 나눌 수 있었습니다. 우리 하나님께서는 얼마나 세밀하신지요!

주님이 사랑하는 그곳 사람들이 안타까워서 붙여주신 천사들이었습니다. 감사를 드립니다.

나미티 섬의 미션하우스는 미팅룸 벽 쌓기와 울타리 공사를 다 마무리하지 못하고 있으며 7월 말까지는 움직일 수가 없어서 섬에도 들어가지 못하는 안타까움이 있습니다.

섬도 빈집인데 안전을 위해서도 기도해주십시오!

안타까운 소식이 있습니다.

건강하시던 저희 어머니께서 87세이신데 5월 27일 코로나 백신을 맞은 뒤 5일 후에 뇌경색으로 쓰러져 병원에 입원하셨습니다.

멀리에 있기에 가서 뵐 수도 없어 안타까운 마음입니다. 어머니의 회복을 위해서도 기도해주십시오!

하루하루 사는 것이 주님의 은혜임을 요즘처럼 실감하는 때가 있었을까요? 주님 오실 날을 기대하며 하루하루 말씀에 순종하며 충성스런 종으로 살다가 주님을 맞이하였으면 좋겠습니다.

요즈음은 바라는 것이 늘 성령의 충만함이요, 이웃의 아픔을 외면하지 않으며, 영혼들의 갈급함을 읽을 줄 알아 생수이신 예수를 전하며 살고, 내가 만난 예수님의 증인으로 사람들을 만나 그분을 전해주는 종들이 되기를 소원합니다.

함께 기도해주십시오!

모두가 어렵다고 하는 시간을 지내지만 주님으로 내 안에 기쁨을 채우는 멋진 그리스도인으로 사는 시간이 되기를 기도하며 우간다의 소식을 전합니다. 감사합니다.

2021년 6월 26일
우간다에서 오병이어 가족 드림

2021년 8월 30일 편지

샬롬!

세계가 코로나19로 인해 모든 시스템이 바뀌고 있는 새로운 시대로 접어들면서 우리 그리스도인들은 예수님 오심을 준비하고 기다리는 시대로 살아야 함을 다시 인식하며 하루하루 살아갑니다. 주님의 은혜와 돌보심으로 교회와 가정 모두 건강하고 평안하신지요?

예배 금지 명령을 내렸다는 한국의 소식을 들었습니다. 악한 영이 지배하는 세상이 되었음을 실감하게 됩니다.

저희들이 사는 우간다도 40일간 록다운으로 6월 18일부터 7월 30일까지 예배도, 집회도, 모임도, 학교도, 차량운행도 모두 금지되어 갇힌 자들처럼 지내고 있었습니다. 저희들도 그동안 출입도 제대로 하지 못하고 집안에 갇혀 있었습니다.

우간다 사람들도 많은 코로나 확진자로 어려움을 겪고 있고, 한인 선교사님들도 저의 아내를 포함한 여러 분이 감염되었고 소천하신 분도 계시고 위급해 한국으로 이송되신 분도 계십니다.

그래도 아내가 하나님의 은혜와 여러분들의 많은 기도로 코로나를 잘 이기고 회복하였음에 감사드립니다! 저희가 어려울 때 기도해 주시고 사랑의 마음을 아끼지 않으시고 표현해 주심에 깊은 감사를 드립니다!

　그동안 섬에도 들어갈 수가 없었지만 어느 선교회의 후원으로 6개 섬에 성도들과 배고픈 지역 주민들에게 3번에 걸쳐 6,000kg의 옥수수가루를 트럭에 실어 보내 전달하였습니다. 또한 어느 교회를 통해 보내오신 후원금으로 HIV 환자들에게 2번에 걸쳐 1,000kg의 옥수수 가루를 전달할 수 있었음에 감사드립니다. 하나님께서 섬 사람들을 보며 많이 아파하시고 그들을 사랑하시나 봅니다.

　루비앙 교회의 지붕 공사는 많은 해프닝이 있었지만 은혜로 마무리하였습니다.
　미션하우스는 벽돌을 찍어서 벽을 쌓으려고 준비하고 있고, 바닥 공사와 창문은 아직 자재 준비가 되지 않은 상태입니다.
　담장 공사는 감사하게 진자의 우리집 주인이 망을 6롤이나 기증해주었습니다. 그리고 빈 물병을 이용하여 철대를 박아서 기둥을 세우고 경험도 없는 섬 사람들이지만 함께 도와줘서 엉성하지만 대문까지 달고 완공을 하였습니다.

이제 소와 염소, 돼지와 닭이 들어오지는 못할 것 같습니다.

우간다는 코로나 때문에 자유롭지 못한 상황입니다. 8월 1일부터 제한하는 내용입니다.

- 통금시간 오후 7시부터 오전 5시 30분까지 유지
- 개인차량은 구역 경계를 넘어 운행할 수 있고, 트럭은 기사 포함 2인, 자가용은 기사 포함 3인으로 제한되어 통행
- 교회는 앞으로 60일 동안 폐쇄
- 모든 학생들과 교사가 백신을 맞을 때까지 학교는 휴교상태 유지 – 학습은 Zoom, TV, 라디오로 가상으로 유지
- 대중교통은 50% 정상운행
- 관공서는 20%까지 필수 인력 근무 허용

어려운 서민들의 삶을 위해 기도해주십시오!

저희는 다섯 명(4남 1녀)의 자녀가 있습니다. 그동안 하나님의 은혜로 4명은 결혼을 했고, 이라크 대우건설에 근무하는 셋째 아들이 결혼을 못하였는데, 이번에 결혼을 하게 되어 9월 3일부터 2022년 1월 5일까지 한국을 방문하게 되었습니다.

한국에서 들어온 지도 얼마 되지 않아서 마음이 편하지 않지만 마지막 남은 자녀의 결혼이라 부득불 들어가게 되었습니다.

결혼은 내년 1월 1일인데 9월 아들 휴가에 맞춰 상견례를 하려고 9월에 들어가려고 합니다. 위해서 기도해 주시고 축복해 주시기를 부탁드립니다!

한국에 들어가서 다시 인사드리겠습니다.

모두가 어려운 시간이지만 주님과 더 깊은 관계를 가지는 복된 시간을 보내며 어려운 시기에도 행복한 그리스도인이 되기를 기도하면서 우간다 출국 인사를 드립니다.

2021년 8월 30일
우간다에서 오병이어 드림

2022년 1월 19일 편지

샬롬!
우리 주 예수 그리스도의 은혜와 평강이 새로 맞이한 2022년 한 해 동안 우리 모두를 덮어주시기를 기도합니다!

저희는 지난해 9월에 한국에 들어가서 자가 격리 후 상견례를 하고 새해 첫날 1월 1일 다섯 자녀 중 마지막 남은 셋째 아들 결혼식을 하나님의 은혜로 잘 마치고 1월 5일 출국, 6일 우간다에 무사히 도착해서 건강하게 잘 지내고 있습니다.

자녀 다섯이 다 결혼하여 가정을 이루게 됨을 하나님께 감사드립니다! 성령 충만하여 믿음의 가정으로, 하나님 기뻐하시는 가정들이 되고 자녀들이 되기를 기도해주십시오!

한국에 있는 동안 하나님의 은혜로 여러 모양의 사람들을 만나게 하시고 하나님께서 계획하신 우간다에서 하실 일들을 여러 방향의 사람들을 통하여 이루어 가시리라는 확신을 갖게 하셨습니다.

우리를 위해서 예배 때마다 기도하는 교회들이 있고, 얼굴을 모르는 분들이 귀한 손길로 사역에 동참하여 주시는 것을 보며 선교는 하나님께서 하신다는 사실을 다시 한번 확인하는 시간이었습니다!

우간다에서는 공항에서 PCR 검사를 하느라 시간이 다소 지체되기는 했지만 별다른 어려움 없이 입국할 수 있었습니다.

코로나로 아직은 완전히 자유롭지는 않지만 그래도 교회도 집회를 할 수 있는 상황이고 학교도 2월 17일 월요일부터 문을 열었고 큰 어려움은 없습니다. 그래도 많은 사람들이 그래도 가벼운 코로나를 앓고 있습니다.

한국 선교사님들도 여러 분이 걸렸지만 증상이 미미해서 검사도 안 하고 약을 복용하고 있다고 합니다.

우기가 시작되었는지 이번주에는 비가 거의 매일 오고 있습니다.

저희가 렌트해서 사는 집이 몇 개월 비워둔 탓인지 집 지붕에서 비가 새고 천정에서 박쥐 똥이 떨어져서 집을 수리하느라 아직은 사역에 전념하지 못하고 있습니다.

집수리가 끝나면 아직 완공하지 못한 나미티 섬의 미팅룸 공사를 완공해야 하고, 그곳에서 소그룹 성경 읽기를 시작해야 합니다. 벽을 쌓고 돈이 없어 아직 지붕 공사를 못하고 있는 교회에 어느 선교회의 지원으로 지붕 공사를 도와야 하고, 어느 목사님 두 분을 통하여 2개 교회를 지을 수 있는 영광을 얻게 되었는데, 어느 곳에 교회를 세워야 할지 주님께 여쭙고 있습니다.

주님께서 원하시는 곳으로 인도해주시기를 함께 기도해주십시오!

또한 이곳에 물이 귀하다는 소식을 티비에서 접한 어느 원로 목사님께서 우물을 파기를 원하신다고 하셨는데 기도하면서 육지보다는 저희가 사역하는 섬에 물을 공급하는 것이 더 좋겠다는 생각을 하게 되었습니다.

섬에는 우물이 없어서 더럽고 오염된 호숫물을 떠서 사용하고 있고, 모래가 섞인 땅이라 우물을 사람이 팔 수도 없고, 우물 파는 기계가 들어올 수도 없어서 물받이를 이용하여 받은 빗물을 사용하면 좋은데 물받이가 있는 집이 거의 없습니다.

그래서 깊은 곳의 호숫물을 파이프로 연결하고 동력을 이용해서 각 지역에 공급하는 것을 생각하고 기획하고 있는 중입니다.

물 공급하는 일을 위해서도 함께 기도해주십시오!

또한 섬 지역에 코로나로 고립되어 왕래가 자유롭지 못하여서 식량 공급이 원활하지 못하다는 소식을 듣고 어느 선교회를 통해 옥수수 가루를 지원하고 싶다는 교회가 있어서 6개 섬에 공급할 계획입니다.

교육부모 사역은 지난해 졸업한 학생들도 몇명 있고, 나머지는 거의 후원자들이 떨어져서 학비 지원은 중단되었다가 이번에 4명이 지원을 해서 명맥은 이어나가고 있습니다. 공부를 계속하기 어려워서 후원을 요구하는 학생들이 많은데, 많이 도울 수 없는 현실이 안타깝습니다. 그리스도의 사람으로 키우는 일이 그 어떤 것보다 중요하니 이를 위해서도 기도를 부탁드립니다!

에이즈 환자 사역은 안타깝게 젊은 여인 한 명이 지난해 죽었습니다. 사람들은 늘어나는 상황인데 재정은 고정되어 있어 인원을 더 늘릴 수 없는 실정입니다. 코로나로 서민들이 어려움을 겪고 있는데, 환자들의 삶은 더 열악하여 늘 안타까운 마음입니다. 복음을 전할 때 그들이 마음을 열어 주님을 영접할 수 있도록 함께 기도해주십시오!

늘 주님 앞에서 사는 긴장감으로 우리 자신을 돌아보며 주님의 평안을 누리시기를 기도하면서 줄입니다.

감사합니다!

2022년 1월 19일

우간다에서 오병이어 가족 드림

2022년 6월 15일 편지

샬롬!

코로나로 온 세계가 혼란을 겪고 이제 제자리를 찾아가는 것 같아 감사하며 저희들을 위해서 기도해주시고 후원해주시는 모든 분들 가정의 식구들 건강과 안부를 여쭙습니다!

주님의 보호 날개 아래 건강하시고 평안하시지요?

1월 6일 저희들은 우간다로 복귀하여 바쁜 일정 가운데서도 주님의 은혜로 잘 지내고 있습니다.

우간다의 코로나는 이제 잊혀진 듯 사람들은 거의 마스크도 쓰지 않고 살고 있습니다.

이번에도 뽀쇼 10kg 350자루를 구입하여 6개 섬에 공급하였습니다. 하루 한 끼의 식사를 하는 사람이 많아서 교회별로 공급하였는데 너무 기뻐하는 사진을 보니 후원하신 교회에 저들의 감사한 마음을 전달할 수 없음이 안타까웠습니다.

3월에는 단기 선교로 자매 2명이 와서 어린이 사역에 3개월 동안 힘을 실어 주었고, 구호품으로 나온 옷을 사서 아이들에게 입혀주었습니다.

그동안 계획했던 소그룹 성경 읽기를 시작하였습니다. 초등학생 그룹, 중등부 그룹, 어머니 그룹을 시작하였습니다. 성경을 소리 내서 읽고, 말씀을 깊이 있는 질문과 답으로 삶에 적용하는 시간을 가졌습니다.

한 번도 경험하지 못한 한국식 점심을 함께 나누는 시간은 어린이들과 어머니들을 흥분케 하였고 성경 읽는 시간을 기다리게 하는 매체가 되었습니다.

또한 노트를 제공하여 성경 필사를 시작하여 말씀을 더 깊이 상고 할 수 있게 하였습니다. 성경 소책 한 권 필사를 마칠 때마다 상을 주려고 합니다.

HIV 그룹도 나미티와 키레웨 두 섬에서 한 그룹씩 시작할 예정입니다. 이 소그룹 성경 읽기를 통해 저들의 삶도 좀 더 깊이 들여다볼 수 있는 시간이 되었습니다.

초등학생들은 부모들의 이혼과 재혼 등으로 혼란과 갈등을 겪고 있으며 마음의 깊은 상처로 남아 있음을 보면서 참으로 안타까웠습니다.

초등학생 그룹　　　　중등부 그룹　　　　어머니 그룹

어려서부터 창세기부터 읽어가며 창조의 목적과 세상의 기원과 하나님의 주권과 주인이 누구인지, 죄인의 모습, 그리고 하나님의 사랑과 가정 등 다양한 주제를 다루면서 귀한 시간을 가졌습니다.

성경이 좀 더 있었으면 나눠주어 집에서도 읽을 수 있게 하면 좋겠는데 그 점이 아쉬웠습니다. 감동되시는 분들의 성경 기증을 기다리고 있습니다. 1권이 약 10~12달러(13,000~15,000원) 정도 합니다. 성경을 읽는 것에 그치지 않고 삶에 적용하여 참 그리스도인으로 세워지도록 함께 기도해주십시오!

에이즈 환자들에게도 말씀을 전하는데 성경 읽기 그룹을 통하여 리더들을 훈련시켜서 저희가 없는 동안에도 계속해서 성경을 읽으며 나누는 시간을 갖게 하도록 훈련하려고 계획하고 있습니다.

HIV 환자들도 주님을 영접할 수 있도록 마음을 열어주시기를 함께 기도해 주십시오!

HIV 사역

미팅룸 벽공사

단기선교 자매들의 사역

구 라마잉고 교회   신축 교회   지붕 공사 완공

미션룸 공사가 바닥 공사와 페인트칠만 남았습니다. 은혜 중에 마치게 하셔서, 미팅룸이 하나님을 깊이 만나는 장소가 되도록 기도해주십시오!

이번에 한국에서 우물 파는 일을 하시고 싶어하시는 목사님이 계셨는데 섬에 호숫물을 공급하는 일을 말씀드렸더니 좀 더 생각해보자고 하시는데 마음이 없으신 것 같습니다. 육지보다 더 안타까운 섬사람들의 물 공급을 위해서 함께 마음을 모아 기도해주십시오!

교회를 짓는데 벽돌을 쌓아 놓고 지붕을 씌우지 못하는 교회가 많아 어느 선교회의 후원으로 지붕 공사를 돕는 일을 맡아서 씨릿야비 섬 엘림 교회 지붕 공사와 창문 벽까지 발라 완공하였습니다!

육지에도 라마잉고 엘림 교회의 지붕 공사가 완공되었습니다. 인공 심장 수술을 하신 목사님께서 성역 50주년 기념으로 교회 지붕 공사를 지원하셨습니다. 수술 후유증 없이 잘 적응하시고 두 교회가 모두 든든히 서가고 성도들이 성령 충만하기를 위해 기도합니다.

주님의 은혜로 마무리할 수 있어서 감사합니다!

은퇴하신 목사님 가정에서 자녀들이 힘을 모아 난조프 교회 지

| 구 난조프 교회 | 신축 교회 | 자재 운반 |

붕 공사를 지원하였습니다. 목사님이 자녀들과 더불어 더욱 행복하신 노년이 되시기를 기도하며 난조프 교회도 예배당이 지어져 가면서 성도들의 신앙도 자라서 하나님의 전으로 성결하게 세워지는 성전들이 되도록 기도해주십시오!

또한 어느 교회에서 무춤바 교회의 지붕을 지원하시기로 하셨습니다.

사모님이 폐암 말기라 암 투병을 하고 계시는데, 사모님을 간호하는 목사님께도 마음의 여유가 없으실 텐데 선교 사역에 함께하심이 참으로 귀하게 느껴졌습니다.

사모님과 목사님 가족들을 주님이 위로하여 주시고 평안으로 함께해주시기를 기도하며 후원하는 교회와 도움받는 교회의 온 성도들이 성령 충만하여 많은 영혼들을 구원의 길로 인도하기를 기도해주세요.

8월에 23명의 전도팀이 와서 3개 섬을 돌며 섬 지역 방역과 함께 어린이 성경 학교와 축호전도와 거리전도를 할 계획인데 많은 전도의 열매가 있기를 위해서도 기도해주십시오!

저희들의 비자를 연장해야 하는데 인터넷 시스템으로 바뀌면서 많이 복잡해졌습니다. 잘 연장할 수 있도록 기도를 부탁드립니다.

저희 가족들의 근황을 전합니다.
백신을 맞고 지난해 5월 말에 쓰러지신 어머니께서는 아직 병원에 계시고 코로 음식을 드시는 어려운 상황입니다. 회복과 평안을 위해서 기도해주십시오.
저희 가정에 다섯 자녀들이 다 결혼하여 가정을 이루었는데 생육하고 번성하라고 축복하시는 하나님의 은혜로 6월 14일에 딸의 가정에 7번째 손녀가 태어났습니다. 10월에는 셋째 아들 가정에 8번째 손녀가 출산할 예정입니다. 순산하기를 함께 기도해주십시오!

디젤 값이 휘발유보다 더 비싸지면서 모든 물가가 하루가 다르게 오르고 있어 도둑도 많아지고 치안이 불안해지고 있습니다. 저희 집에도 좀도둑이 들어와서 짐 옮기는 수레를 가져갔습니다.
저희들의 건강과 안전을 위해서도 기도해주십시오.

더욱 정결하게! 더욱 겸손하게! 더욱 충성스럽게!
하루하루 주님 오심을 준비하는 마음으로 살아가기를 소원하며
건강하시고 주 안에서 기쁨을 누리는 삶이 되기를 기도합니다!

2022년 6월 15일
우간다에서 오병이어 가족 드림

2022년 8월 27일 편지

샬롬!

8월의 무더위와 코로나로 힘든 시간을 주님과 함께 이겨내고 계시리라 믿습니다!

저희들도 지난 1월 우간다로 돌아와 바쁜 시간을 보냈습니다.

씨릿야비 섬의 엘림 교회 지붕 공사와 창문과 벽을 바르는 일까지 마무하였고, 육지에 있는 3개 교회 나마잉고 교회 지붕 공사와 무춤바 교회 지붕 공사, 난조프 교회 지붕 공사를 모두 마쳤습니다.

그리고 2년 전에 지붕 공사를 지원했던 루비야 섬에 있는 루비야 교회 창문과 벽을 바르는 공사를 마쳤고, 미팅룸 바닥 공사와 2천 리터 물탱크 2개를 더 설치하고 임시 샤워실까지 만들어 단기팀들을 받을 준비를 하였습니다.

8월 초에는 25명의 단기 전도팀이 오셔서 3개 섬의 교회를 다니며 전도를 통하여 섬사람들을 위로하고 많은 영혼들을 깨우고 말씀을 전하였습니다. 어린이 성경학교를 통하여 어린이들에게 말씀 잔치를 통하여 복음을 전하고 기쁨의 시간을 선물했습니다.

제 어금니가 오래전에 치료받았던 것이 부러졌고 다른 쪽은 임플란트를 했던 이가 빠지는 바람에 어금니 양쪽이 다 없어서 치료가 불가피하여 한국에 들어와 치료를 하게 되었습니다.

   아내 선교사도 오래전에 우간다에서 교통사고로 앞니가 부러져서 치료했던 것이 빠져서 치료를 받으려고 함께 나왔습니다.

   4개월의 시간을 가지고 치료를 하고 12월 7일 출국하려 합니다. 치아 치료를 잘 받게 기도해주시고, 두고 온 사역지의 안전을 위해서 함께 기도해주십시오! 한국에 있는 동안에도 주님의 은혜로 건강하게 지내고 갈 수 있도록 기도해주시고, 주님의 은혜로 귀한 사람들과의 만남도 하나님의 인도하심을 받을 수 있도록 기도해주십시오!

   더위를 뒤로하고 가을을 맞이하듯 힘든 일들을 뒤로하고 하늘의 소망으로 힘내는 시간이 되기를 기도하며 줄입니다!

2022년 8월 27일
서울에서 오병이어 드림

2022년 12월 21일 편지

"지극히 높은 곳에서는 영광이요 땅에서는 하나님이 기뻐하신 사람들 중에 평화로다"(눅 2:14).

샬롬!

성탄의 기쁨이 온누리와 교회와 가정 위에 충만히 넘치시기를 기도합니다! 저희들의 치과 치료는 귀한 장로님이 운영하는 치과에서 잘 치료받게 되어 감사했습니다.

임플란트로 하는 치료라 한쪽 어금니만 치료하고 나머지는 아직 끝내지 못하고 다음에 다시 치료하기로 미루고 12월 8일 우간다에 입국하였습니다. 지난 4개월 동안 한국에서 많은 사랑과 은혜로 지내고 왔음에 감사드립니다. 기도로, 물질로 이 모양 저 모양으로 사랑해주시어 잘 지내다 왔습니다. 함께 해주신 모든 분들께 감사드립니다!

요즘 우간다가 경제적으로 많이 어려운가 봅니다. 저희가 4개월 동안 집을 비운 사이에 좀도둑이 집 뒤편에 있는 철 대문을 빼서 가져갔다고 합니다. 철을 팔면 돈이 되니까 그거라도 훔쳐가야 했나 봅니다. 그래도 다른 것은 손을 대지 않아서 그것도 감사했습니다. 그만큼 우간다가 살기가 어려워진 것 같아 마음이 아파옵니다. 계속되는 물가 상승과 우기가 서민들의 삶을 더 어렵게 하고 있습니다. 옥수수 가루가 8월에 2,600실링 할 때도 아우성이었는데 지금은 3,500~3,800실링까지 오르고 있어 굶주리는 자들이 많아지고 있다는 소식입니다. 학교는 지난주에 방학에 들어갔으며 연말의 들뜬 분위기는 물가 상승으로 거의 느껴지지 않네요.

이번 성탄절에는 작은 선물을 준비해서 섬의 어린이들과 에이즈 환자들과 함께 기쁨을 누리며 지내게 되어 감사합니다!

이번 성탄절에 아기 예수님의 탄생의 기쁨이 여러 이웃에게까지 흘러 넘쳐가기를, 그래서 우리 주변이 함께 기뻐하는 성탄절이 되기를 기도하며 우간다 도착 보고와 성탄 인사를 드립니다!
Merry Christ-Mas!
and Happy New Year!

2022년 12월 21일
오병이어 가족 드림

2023년 4월 10일 편지

샬롬!

산천초목이 겨울옷을 벗고 꽃단장하며 봄을 맞이하듯 우리들도 자아가 죽고 부활의 주님을 마음과 삶에 모시고 사는 하루하루가 행복하시기를 기도합니다!

주님의 은혜 안에 교회와 가정이 부활의 은혜로 모두 평안하신 지요? 이곳 우간다는 우기가 시작되었는지 매일 비가 와서 춥기까지 합니다. 세계적인 추세인 물가의 상승으로 서민들이 고통을 당하고 있는 현실이 안타깝습니다.

저는 한국에서 4개월 동안 치과 치료를 했지만 치료를 다 못 끝내고 와서 그런지 다시 임플란트가 빠지고……치료가 시급한 상황이 되었는데 아직 한국에 갈 계획은 세우지 못하고 있습니다. 기도해주십시오!

지난 성탄절은 귀하신 사랑의 쌀 나눔 본부에서 옷과 비누, 회충약을 공급해 주셔서 온 교회가 풍성하게 사랑과 즐거움의 성탄절을 보냈습니다.

또한 공원 선교회에서 어린이들에게 귀한 선물을 해주셨는데, 귀한 대접을 받지 못하던 섬 어린이들이 사랑받은 행복한 성탄절로 기억하게 될 것입니다. 귀하신 분들의 손길에 하늘의 상급으로 쌓아주시기를 기도합니다!

우리가 거주하고 있는 나미티 섬에는 더러워진 호숫물을 다시 통으로 길어다 먹는 이곳 사람들이 안타까워 물탱크를 설치하여 깨끗한 쪽 호수의 물을 파이프로 끌어올려 물탱크에 담아 주민들에게 공급할 계획을 세우고 기도하고 있습니다.

지난번 편지를 보고 어떤 귀한 장로님께서 양수기를 사서 우간다로 직접 보내주셨습니다. 장로님의 사업이 더욱 번창하여 하나님의 기뻐하시는 사역을 감당하는 기업이 되시기를 축복합니다!

아직 공사비 후원을 기다리고 있습니다. 견적이 6,000달러 정도 나왔는데 기도하면서 후원을 기다리고 있는 중입니다. 함께 기도해주십시오!

그동안 후원을 아끼지 않으시던 분들과 교회가 여러 가지 사정으로 후원을 중단하는 곳이 생기면서 에이즈 환자들의 후원이 줄어들었지만 식량이 부족한 사람들에게 줄인다는 말을 할 수가 없어 기도하고 있습니다. 함께 기도해주십시오!

매달 3만 원씩 후원하시는 교육부모님들이 아무런 말도 없이 후원을 중단하였는데, 저희는 중단한 줄을 알지 못하고 계속 학비를 주게 되어 어려움이 있습니다. 사정이 생겨 중단하게 될 경우 미리 말씀을 해주시면 좋겠습니다.

한 가지 좋은 소식이 있습니다.

빅토리아 호수 안에 있는 섬에서 사는 학생들은 학교가 없어 다 외지로 나가 공부를 하고 있어서 자구시라는 큰 섬에 학교를 세우려고 기도하고 있었습니다. 주변 섬 학생들로 하여금 공부하면서 농업기술과 목공기술, 축산, 양계, 양봉, 양어 기술까지 다양한 기술을 배우게 하여 사회에 나가 자립할 수 있는 사람으로 세워가기 위해 기술학교를 세우려고 기도한 것입니다.

이번에 은퇴하신 어느 목사님이 어린이대공원 애국 어르신들과 함께 우간다에 농업기술학교를 세우는 일을 위해 이사회를 결성하고 모금을 하고 계시다는 아름다운 소식을 주셨습니다.

어린이 대공원에 모이시는 어르신들은 은퇴하고 운동하러 나오는 분들이며 저도 공원에 운동하러 갔다가 만난 분들입니다. 기독교인이 아닌 분들도 많은데, 얼마 남지 않은 삶이라 다들 보람 있는 선한 일을 하는 데 함께 동참하려는 귀한 마음이 모인 것 같습니다.

예산이 최소 2억 정도이고 2천만 원이 모금된 상태입니다.

부지는 10에이커가 좀 넘는 땅을 보고 주인을 만나 섭외하고 있는 중입니다. 전기와 물이 없는 섬이라 지금 저희들 사는 섬같이 물탱크를 설치하고 태양광 전기 공사를 해야 하는 곳입니다.

사탄의 방해를 기도로 막아주시고 다음 세대를 잘 키워가는 좋은 학교가 세워질 수 있도록 함께 기도해주시고 마음을 모아 주십시오!

다른 좋은 소식이 하나 더 있습니다!

나미티 초등학교에 유치원을 포함하여 어린이가 170명 정도 되는데 교사와 초등학교 1학년부터 7학년까지 100명 정도에게 점심을 공급하는 일을 어느 귀한 권사님 부부가 지원하기로 하여 이번 달부터 점심을 제공하고 있습니다. 어린이들이 행복한 학교생활을 하게 될 것입니다.

영과 육이 모두 배고픈 이 땅 우간다!
영과 육이 배부른 그날이 오기를 바라며 오늘도 기도하며 이 길을 갑니다!

경제 위기가 온다고 여기저기서 들리는 소리는 우리를 불안하게 하지만 성령님께서 우리와 함께 계시기에 이런 모든 환경과 시간을 허락하신 하나님께서 합력하여 선을 이루어 가실 것을 오늘도 굳게 믿습니다.
흔들림 없이 주님을 의지하고 신념과 감정과 이성과 경험과 기분에 따라 살지 않고 말씀 따라 사는 인생으로, 나는 죽고 예수님으로 사는 인생으로 이 어려운 시기를 살아내는 성령의 사람들이 됩시다! 감사합니다!

2023년 4월 10일
우간다에서 오병이어 드림

2023년 8월 20일 편지

샬롬!
7월의 무더위와 장마에 지치지 않으시고 건강하신지요? 무더위와 장마에도 불구하고 가정과 교회 위에 주님의 은혜가 흘러넘치시기를 기도합니다.

요즘 전 세계적으로 기후 변화의 영향에 의한 이상 기후 소식이 많이 들리고 있습니다. 전 세계적인 비 피해 소식을 접하니 안타까운 마음입니다. 특히 청주가 고향인 저희들은 충북 청주에서 발생했던 사고 소식을 듣고 안전을 확인하기도 했습니다.

우간다에도 기후 변화의 영향으로 건기와 우기가 일정하게 바뀌지 않아 농민들이 어려움을 겪고, 이로 인한 식량 문제가 우려되고 있습니다.
기후 변화보다 더 안타까운 상황은, 얼마 전에 우간다 서부 콩고 국경 지역에서 발생한 사건입니다. ISIS와 관련 있는 반군조직이 고등학교에 침입하여 기숙사에 있는 학생들에게 총격을 가하고 수류탄을 터뜨려 44명의 학생이 희생당했습니다.
그리고 캄팔라에서 약 30km 정도 거리에 있는 어느 기숙학교에서는 식중독이 발생하여 200여 명의 학생이 병원으로 후송되었습니다.
아울러 치안 상황도 좋지 않다는 메시지가 들려오고 있습니다.

함께 마음을 모아 나라와 민족을 위해, 복음의 빛을 잃어가는 세계를 위해, 그리고 저희가 속한 우간다를 위해 기도하기를 원합니다.

그럼에도 불구하고 저희들은 그동안 하나님의 은혜로 감사로 지내고 있습니다.

나미티 섬에 물탱크를 설치하여 깨끗한 쪽 호수의 물을 파이프로 끌어올려 물탱크에 담아 주민들에게 공급할 계획을 세우고 기도하고 있을 때 어느 장로님의 양수기 기증과 함께 지난번 편지 이후에 하나님의 감동으로 감사하게도 같은 장로님이 공사 비용까지 보내주셨습니다.

그래서 섬의 커뮤니티 임원들과 미팅을 가졌고 MOU계약으로 일이 막 진행될 즈음 참석하지 않은 한 분이 파이프가 지나가는 길을 내어주지 못하겠다고 반대를 하여 진행하지 못하고 있었습니다. 돈을 주기를 바라고 반대하는 분이라 그렇게 하면 다른 분들에게도 전부 돈으로 보상해야 하는 인식을 갖게 되어 일을 중단하고 기도를 부탁하며 기도하고 있었는데 하나님께서 일하시기 시작하셨습니다.

그 지역을 담당하는 L.C3가 L.C1을 불러 선교사가 하는 프로젝트를 멈추게 하지 말라고 명령하므로 탱크를 섬으로 운반하고 일을 진행하게 되었습니다. 일을 행하시고 그것을 지어 성취하시는 여호와 하나님을 찬양합니다!

늘 우리의 마음에 먼저 소원을 두고 일하시는 하나님께서 제 마음에 나미티 섬에 초등학교 건축을 하고자 하는 마음을 주셨고 때가 되어 일을 시작하셨습니다.

그동안 외를 엮어 흙을 발라 지었던 초등학교의 교실이 조금씩 무너져 흙벽돌로 지은 교실 4칸만 남았고, 교실이 모자라 교회 구석에서 공부하는 학생들을 볼 때마다 늘 마음의 소원과 부담이 있었습니다!

하나님은 항상 하나님이 기뻐하시는 사람들을 통하여 일하십니다! 하나님이 기뻐하시는 선교의 열정이 있는 공주의 어느 교회와 그 교회를 섬기시는 신실한 장로님을 통해서 초등학교 교실 5칸 증축공사를 지난달에 시작하게 되었습니다. 일을 행하시고 그것을 지어 성취하시는 여호와를 찬양합니다!

'하나님께서 나미티 어린이들을 많이 사랑하시나보다'라는 생각을 해봅니다.
지금 남아 있는 교실 4칸도 바닥과 벽도 바르지 못하고, 창문도 없고 문도 없는 교실로 있는 상태라 이번 다섯 칸 증축 공사비로 9칸 공사를 해야 하는 부담으로 경비를 절약해야 한다고 했습니다. 그러자 교사와 학생들이 협조하기로 하고 모래와 모자라는 물을 호숫가에서 퍼 날랐습니다.
교사와 어린이들 모두 9월 새 학기에는 새 교실에서 공부할 부푼 기대감과 기쁨으로 돕고 있는 모습이 정말 사랑스럽고 아름답습니다. 교실과 배구대, 축구 골대, 농구대를 갖춘 학교, 점심까지 제공하는 학교가 학생들과 교사들에게 자랑스러운 학교가 되었습니다.
너무 감사한 일이라 저희들도 기쁨 충만함으로 자재를 공급하였습니다. 우간다에 계신 한국 선교사님이 훈련시킨 건축팀을 보내주셔서 일이 순조롭게 잘 진행되었고 여러 많은 분들의 기도로 순적하게 잘 마쳤습니다!

우간다는 초등학교가 7학년까지 있습니다. 그래서 유치원 2반을 포함해 총 9칸이 필요합니다. 5칸의 교실이 지어지면 헌 교실 4칸을 합쳐 9칸이 됩니다. 모두가 자기 교실에서 공부할 수 있는 환경이 되었습니다.

이제는 교무실과 전교 학생들 모두가 함께 예배드릴 수 있는 체플룸도 지었으면 하는 마음이 있습니다(교실 2칸 정도의 사이즈).

이 소식을 들은 어느 귀하신 장로님께서 마음에 품고 모금을 하셔서 씨드머니를 헌금해주셨습니다. 하나님의 때에 이것도 이루어지리라 믿으며 함께 기도해주시기를 부탁드립니다!

외국에 살면서 제일 신경 쓰이는 부분이 비자 문제인데 10월에 10년 비자가 끝나는 아내의 비자 문제는 새로 바뀐 법으로 많이 까다로워서 서류를 만드는 데 많은 어려움이 있었습니다.

그동안 많은 분들에게 기도를 부탁드렸고, 많은 사람들이 기도해주셨습니다! 하나님의 은혜로 좋은 사람들을 붙여 주셔서 준비한 서류를 접수했습니다. 순조롭게 진행되리라 믿으며 감사드립니다!

10년 비자보다 비용도 적게 들고 한번 받으면 다시 안 받아도 되는 Life Visa로 바꿔서 받으려고 합니다. 비자 비용 3,000달러(약 400만 원)를 채워주시기를 함께 기도해주십시오!

농업학교를 세우기 위해서 기도하고 있는 일은 추진하는 목사님의 헌금 외에는 아직 다른 진전이 없어 계속인 기도가 필요합니다. 부지를 먼저 구입하고 건축을 한 후에 허가를 받는 우간다 시스템이라 일단 비용이 확보되면 부지 구입과 건축을 시작하게 될 것입니다. 기도의 분량이 먼저 채워지고 필요한 비용이 채워지리라 믿습니다.

많은 우간다 사람들이 대학을 나와도 일자리가 없고 생계를 유지하는 일도 어려워하는 현실이 안타까워 예수 그리스도의 복음과 함께 생계를 유지할 수 있는 최소한의 영농, 목공, 축산, 양계, 양봉, 양어 등의 기술을 익히게 해주면 삶에 도움이 되리라 믿으며 추진하는 일입니다. 위해서 함께 기도해주십시오!

예수 그리스도 안에서 선한 능력으로 세상을 이기고 삶의 어려움을 이겨내는 우간다인들이 되기를 진정으로 소망하고 기도하고 있습니다.

안타까운 것은 제가 치아가 2개 부러졌고, 아래 송곳니는 흔들리고 있습니다. 앞니가 하나 빠져서 양쪽을 걸어서 씌운 것이 또 부러져서 앞니까지 없는 상태가 되었고, 바로 옆니는 반쪽이 또 떨어졌습니다. 오래전에 한 어금니 임플란트는 빠졌고 지난번에 한 임플란트는 끼우지 못하고 왔고, 앞니와 어금니 모두가 망가져 식사를 제대로 하지 못할 지경이 되었습니다.

그래도 이번 학교 공사를 마치고 가야 하기에 9월 초에 한국에 들어가서 치과 치료를 다시 받으려고 합니다. 제가 사는 진자 지역 치과에 가서 임시 치료라도 하려고 했지만 빠진 임플란트 하나를 제대로 끼워주지 못해 포기하고 한국으로 가기로 했습니다. 좋은 치과에서 잘 치료받을 수 있도록 기도해주시고, 부담되는 필요한 비용도 채워주시기를 기도해주십시오!

한국에서 들어온 지 얼마 되지 않아 치료하러 가기도 민망하지만 어쩔 수 없이 들어가서 치료를 받아야 할 것 같습니다. 이제는 나이가 들어 여기저기 불편한 곳이 생기기 시작합니다. 선교사의 건강을 위해서 많은 기도를 부탁드립니다.

여러 가지 다양한 모습의 삶의 어려움이 우리를 둘러싸는 시간은 눈을 들어 주를 바라보고 집중하도록 우리의 삶과 마음을 인도하시는 하나님의 사랑을 깨닫게 하시고, 알게 하시는 시간일 것입니다.

무더위와 장마가 지나가면 산뜻한 가을 하늘도 볼 수 있을 것이고, 들판의 아름다운 열매들도 거둘 수 있으리라 믿으며, 이 여름 무더위와 어려움 속에서 잠깐의 힘든 시간을 잘 견디면서, 주님의 선하시고 기뻐하시는 온전하신 뜻이 이루어지는 것을 체험하여 하나님을 더 깊이, 더 많이 경험하는 은혜가 계속되기를 기도합시다!

사랑하고 축복합니다! 감사합니다!

📝 기도 제목

1. 선교사의 영력과 건강을 위해서
2. 한국에서 치과 치료를 잘 받을 수 있도록
3. 영혼 구원 사역을 악한 영이 방해하지 못하도록
    - 그룹 성경 읽기(어린이 중고등부, 어머니 그룹, HIV 그룹)
    - 기도회(어머니 그룹, HIV 그룹)
4. 4년째 병원에 계신 어머니의 건강 회복을 위해서
5. 당뇨로 쓰러진 남동생의 회복을 위해서

6. 다섯 자녀들의 가정의 성령 충만을 위해서
7. 비자 비용과 치과 치료 비용의 공급을 위해서
8. 섬 사역지의 전기(솔라) 설치를 위해서

2023년 8월 20일
우간다에서 오병이어 가족 드림

3부
선교지에서 받은 편지

김지숙

김기일 목사님께

안녕하세요?

목사님과의 만남은 정말 짧은 시간이었죠?

저는 하룻밤 그곳에서 안식하고 비행기를 탄 우간다 단기 선교팀 김지숙이라고 합니다.

제가 이렇게 편지를 쓰게 된 계기는 아마도 목사님께서 어린이 사역을 하시기 때문일 거예요.

단기 선교 기간 동안 여름 성경학교팀에서 그곳의 아이들과 접촉하며 검은 피부에 총명한 눈동자, 부끄러운 미소를 담은 그곳의 아이들에게 흠뻑 매료되었으나 제겐 하나님께서 정해주신 제 나름대로의 길이 있기에 그 아이들에게 등을 돌려야 했어요.

아직 제 마음은 그 아이들 곁에 있지만 제 몸은 수천 마일이 떨어진 이곳 부천에 있기에 제가 직접 하지 못하는 어린이 사역을 목사님의 뒤에서 기도로 도와드리고자 합니다.

기도가 필요하시면 언제든지 기도 제목을 전해주세요.

시험 기간이라 할지라도 목사님을 위해 그곳의 어린양들을 위해 열심히 기도할게요.

늘 건강하시고 하나님의 은혜와 축복 속에서 사시기를 간절히 기도합니다.

1997년 8월 11일

목사님께

목사님, 안녕하세요?

오곡이 무르익는 가을, 그중에서 특별히 풍요로운 추석이네요.

올 추석은 과일이 굉장히 비싸서 서민들의 불만이 크지만 그래도 추석이기에 많은 사람이 기쁜 표정으로 가족을 찾고 있어요.

하지만 경기 침체의 영향으로 보너스 없는 썰렁한 추석이네요(이럴 땐 공무원이 제일 좋은 듯합니다).

참, 추석을 맞아 '바쁘다 바빠'라는 연극을 한 편 봤는데 정말 감동이 파도치는 연극이었어요. 서민층도 아닌 제일 밑바닥 인생들의 이야기를 한 식구를 통해 슬프지만 코믹하게 그린 연극으로, 울고 싶은 부분에서 웃게 만드는 연출자의 묘한 능력 때문에 꽤 많은 사람을 끌어들인 연극이래요.

저는 그 연극 보고 나올 때 입이 아파서(하도 웃어서……하하하) 한동안 고생했어요.

그리고 저번 주에 저희 학교에서 심령수련회를 하는데 글쎄 ○○ 목사님께서 안식년이라 저희 학교에서 특별히 설교를 해주셨어요.

무엇보다 감사한 것은 우간다 선교사님의 설교를 듣게 해주신 하나님과 그 땅을 잊지 않을 수 있었던 환경, 그리고 선교사님으로 말미암아 우간다에 관심이 높아진 학우들의 모습이었어요.

그들에게 애써 말하려 하지 않아도 설교를 통해 그 땅의 아픔을, 그 땅의 어려움을 학우들이 공감하고 함께 기도한다는 것이 얼마나 큰 힘이 되는지 전 백만 군대라도 얻은 기분이에요.

　신학대학이 침체되어 간다, 정체하고 있다, 말도 많고 탈도 많지만 아직까지 총신 안의 학우들 중 상당수가 미래의 한국교회의 영적 지도자임을 전 믿어요.

　더구나 선교에 비전을 둔 분도 많고 속된 표현으로 영발 센 분도 많으시니까 그들의 기도를 하나님께서 얼마나 기뻐 받으셨겠어요?

　심령수련회 기간 내내 나 혼자만의 은밀한 기쁨이 있었어요.

　설교 중에 튀어나오는 그 땅의 이야기가 낯설지만은 않았기에 그 땅의 환경과 사람들, 많은 사건들을 들으며 몰래 고개를 끄덕이며 그 땅을 회상하는 기쁨은 느껴보지 못한 사람은 결코 알 수 없는 기쁨일 거예요.

　그것이 남이 알지 못하는 것을 혼자 알고 있다고 자부하는 오만한 인간의 자아 독선적인 기쁨이건, 다시 한번 그 땅을 향해 내 기억의 나래를 펼치는 데서 얻어지는 기쁨이건, 그런 건 중요하지 않아요. 제가 그 속에서 기쁨을 누린다는 것은 우간다가 아직까지 제게 영향을 끼칠 수 있는 곳에 위치해 있기 때문이지요. 제 마음에 변화를 가져올 만큼 그 땅을 사랑한다는 것만이 중요할 뿐이에요.

　그래요, 어쩌면 제 기도들이 그곳을 위한 기도가 아니라 제 자신의 사랑하는 땅을 위한 기도일 수도 있겠지만 그 땅이 하나님께 사랑받으면 그뿐, 더 무엇을 바라겠어요? 그렇죠?

　밤 늦은 시간이네요. 좋은 꿈 꾸시고 늘 행복하고 건강하세요.

1997년 9월 16일(추석에)

목사님께

오랜만에 지면으로 인사드리니까 무척 반갑네요. 건강하시지요?

저는 지금 무척 피곤한 것 빼고는 다 좋은 상태에요.

역사교육과에 다니기 때문에 이번에 고적 답사를 다녀왔거든요.

경북 일대를 지역 답사 형식으로 다녀오긴 했는데, 갈 때의 마음과 올 때의 마음이 천지 차이가 나요. 경주, 누구나 그렇듯이 수학여행으로 한 번쯤은 가보았을 그곳. 이미 볼 건 다 봤다는 생각과 그때의 지겨움이 다시 떠올라 정말이지 가고 싶지 않았는데, 방학 전부터 회계를 맡기로 약속한 터라 어쩔 수 없어 그곳으로 향했어요.

그러나 돈 계산 때문에 정신없던 제게도 경주는 아주 특별한 느낌으로 다가왔어요.

천년고도의 아름다운 문화유산들과 그곳에 숨겨진 사연들…….

'아는 만큼 보고, 보는 만큼 느끼고, 느낀 만큼 사랑한다'는 말을 가슴으로 느꼈어요.

머리에 지식을 지니고 보았을 때 그 유물과 유적은 하나의 이야기이고 조상의 땀과 피이며 그들의 발자취이자 하나님께서 역사를 통해 말하고자 하시는 일반 은총의 하나이지만, 강제로 끌려와서 보는 유물과 유적은 다 똑같은 돌덩어리이고 똑같은 집일 뿐이에요.

그곳에서 우간다를 기억했어요. 너무 준비 없이 그곳에 간 것은 아닌지…….

하지만 그 땅에서 하나님의 은혜로 그 땅을 사랑하는 마음을 얻었어요. 비록 작은 사랑일지라도 이 마음이 영원했으면……그것을 바라는 마음으로 오늘도 기도하며 이만 줄입니다.

1997년 10월 2일

목사님께

한국에서는 긴팔 티셔츠에 점퍼 차림의 사람들로 가득해요.

그러면서도 낮과 밤의 기온 차 때문인지 밤이면 오돌오돌 떨면서 집으로 향하게 되네요.

그곳은 이제부터 본격적으로 더워질 텐데, 첫해의 더위는 가히 살인적이라는 말에 걱정부터 앞서는군요.

얼마 전 TV에서 아프리카의 경제에 대해 다큐멘터리가 방송되었는데 방송에서는 케냐를 중심으로 영국이 철도 건설로 식민지를 약탈한 것과 그 땅에 정착하여 상권을 장악해버린 인도인들을 중심으로 본토 사람의 어려움과 경제의 문제점을 나름대로 잘 분석하고 있었어요.

아직도 눈 감으면 떠오르는 천사 같은 아이들이 그 잘못된 제도 아래에서 성인으로 성장하며 느껴야 하는 그 어려움과 높은 벽을 생각하면, 암담함에 무엇을 해야 할지조차 모르겠어요.

제 이 어설픈 마음보다 그곳에서 같이 생활하며 같이 느껴야 하는 목사님의 심정이 얼마나 더 힘드실지 어느 정도 짐작이 가기에 전 다시 한번 기도하게 되네요.

사실 요즘 무엇 때문이지 모르지만 기도도 나오지 않고 전체적인 삶이 가라앉아 있지만, 제 자신보다 기도가 필요한 그 땅을 위해 저 자신을 재촉하며 하나님 앞에 무릎을 꿇고자 노력합니다.

그러나 노력이 노력에서 끝나는 것 같아요. 그래도 계속 노력할 예정이에요.

참, 그곳과 달리 이곳은 대풍이에요. 들판마다 황금 물결에 탐스러운 과일들이 가득했지만 오히려 그것이 문제가 되어서 농민들이 2년째 동결된 추곡수매에 울상을 짓고 있네요. 수입쇠고기(미국산)에서는 0-157균이 나와서 수입고기는 거의 판매가 되지 않아요.

언제쯤 경기가 회복이 될지……. 전문가들은 1998년 후반기에는 경기가 완전회복될 거라고 말하고 국제 금융기구 회장이 우리나라에 방문해 한국은 과도기이지 위기가 아니라고 말했다지만 한국인들의 정신 상태에 문제가 있는 것 같아요.

더 많은 기도와 더 많은 교육이 필요한 것 같네요.

생각해 보면 이곳도 그곳만큼이나 할 일이 많군요. 제가 이곳의 구성원 중 한 명으로, 이곳의 일을 할 수 있는 사람으로 하루 빨리 성장해야겠어요.

저와 우간다의 사람들이 하나님의 사람으로 성장되길 오늘도 기도하며 이만 줄입니다.

1997년 10월 23일

김기일 목사님께

살아가면서 사막에 서서 주님의 길을, 그분이 당하셨던 고통을 느끼기를 참 많이도 바랐는데 언제나 그것은 마음뿐 저의 생활과 정신은 언제나 이곳 도시의 안락함 속에 있었습니다.

그런데 오늘 이집트에서 오셨다는 ○○○ 선교사님의 말씀을 통해, 또한 주님의 은혜를 통해 저는 사막의 한가운데 서서 주님의 아픔을 느낍니다.

그 슬픔 가운데 아련하게 느껴지는 건 우간다의 고통이네요. 보내주신 편지를 통해 목사님의 어려움을 느낄 수 있었어요. 그 어려움은 분명 주님의 축복인데 전 지금 그 순간의 어려움으로 인한 목사님의 고통이 먼저 생각되고 그 생각으로 인해 참 많이 울었습니다. 아마도 이 마음은 제 마음이 아닌 목사님을 향한 주님의 애달픈 사랑과 애처로워하는 마음이겠죠.

저는 지금 금식하며 기도하고자 합니다. 3일간의 짧은 금식일지라도 그분의 뜻이 이루어지는 데 조금은 도움이 되리라 믿기에 이런 결정을 내렸는데 음식과의 싸움이 결코 쉽지만은 않네요.

이 금식을 통해(아직 끝나지 않았지만) 가난과 기아의 고통을 아주 조금은 알 것 같아요.

그곳 아이들은 흡수장애로 배만 튀어나온 채 그 큰 눈을 말똥말똥 뜨고 가냘픈 손을 들어 이방인을 반겨주었는데 전 입으로는 그들이 가슴 아프다고 말하면서도 가슴으로는 그들의 고통을 느끼지 못했어요.

다만 그 고통이 내 안에 있는 것이 아니라 저들 안에 있다는 것에 감사할 뿐…….

지금 이 순간에도 먹을 것이 없어서 죽어 가는 아이들이 있는데, 과다한 섭취로 인해 퉁퉁해진 저를 보며 걱정하니 참 이기적이고 나쁜 사람이죠?

이런 모든 것을 알고 있음에도 아직도 제 주머니를 털어 가난한 이웃에게 나누어 주는 것이 어려워요.

목사님은 자신의 일생을 드렸는데 전……. 제 자신이 이렇게 부끄러운 적이 없었는데 이젠 바라보기조차 싫어요.

처음 가는 단기 선교에 몸은 바쁘게 움직였지만 나태한 마음으로 갔기에 제 두터운 마음의 문 사이로 부어주시던 주님의 사랑과 은혜에 제 자신을 버리고 따르지 못했기 때문일까요? 아니면 제 자신이 너무나 이기적이고 추악한 인간이기 때문일까요?

하지만 오늘도 전 서러운 눈물을 감추며 제 자신을 변화시킬 하나님을 기대합니다. 세월이 흘러 먼 후일에 저도 선교사님처럼 실천력을 지닌 기독교인이 되리라 확신하는 것은 저의 교만일까요?

여하튼 선교사님, 모든 일 가운데 지치지 마시고 주님의 뜻에 순종하는 마음으로 그분의 임재를 기다리세요. 여기서 작은 힘이나마 선교사님을 위해 기도할 테니까요.

선교사님, 언제나 힘내시고요. 더 좋은 동역자가 하루 빨리 생기기를 빌고 남은 가족들이 빨리 선교사님 품에 안길 날이 오길 기도합니다.

자꾸 무더워지는 날씨에 걱정부터 앞서네요. 늘 건강하시고 행복하세요.

무엇보다 그곳을 향하셨던 선교사님의 첫 마음, 우간다의 모든 사람을 품었던 그 뜨거웠던 사랑, 늘 변치 마세요.

주님의 이름으로 축복하며 이만 줄입니다.

1997년 11월 5일

God of peace, You have shown us that your will for the world is that all people should live in justice and peace.

We pray for your world, torn apart by conflict and fear nations, and greed, nations divided within themselves by in justice, oppression and powerlessness.

You have called your church to be a sign of hope in a world without hope, a healing community in a broken world a people of peace in a world at war with itself.

Forgive our failures of the past and create in us a vision of unity and hope of love and sharing, that we might indeed be a light for the nations; through Jesus Christ our peace.

목사님께

주말마다 계속되는 비는 친구들과의 모처럼의 야유회 계획이나 교회의 야외예배 일정까지 모두 망쳐버리고 우울함마저 느끼게 합니다.

지금쯤 우간다는 우기의 초기쯤에 있어서 비의 소중함이 더 간절할 텐데, 저의 투정이 너무 어리게 느껴지시죠? 어리다고 해도 어쩔 수 없어요. 전 해님이 좋아요. 그래서 동요도 "햇빛은 쨍쨍 모래알은 반짝……"을 좋아해요.

어쨌건 하나님을 모르는 사람들은 기우제라도 드리겠지만 전 하나님을 아는 인간이니까 기우제 대신 "맑고 밝은 날 나는 주 이름 찬양하겠네. 맑고 밝은 날 나는 주를 위해 살리. 맑고 밝은 날 내 생활 새로워지니 매일 주님 사랑 따라 말씀대로 살리라"는 찬양을 신나게 드리며 마음속으로 다음 주에는 맑은 날을 기대해 봅니다.

참, 목사님, 오늘 교회에 나가보니 작년 초에 아버님 사업 때문에 필리핀에 간 영수(가명)라는 학생이 와 있더라고요.

이곳에서는 한 몸무게 하던 거대한 체구였는데, 그곳의 생활이 적성에 맞는지 아니면 어려움이 많았는지 그 많던 살들을 모두 내보내고 통통하게 귀여운 아이가 되어서 왔더라구요.

원래 드럼만 열심히 치는 내성적인 아이였는데 사근사근하니 입의 혀처럼 안기는 맛도 있고 잘 웃고 잘 떠들고……명랑한 아이로 완전히 변했더라구요. 제가 대학교 2학년 때 중등부 교사여서 익숙한 얼굴이니까 "선생님, 선생님" 하며 잘 따르고 여기에 있었던 저보다 이곳의 재미난 유머도 더 많이 알고 있었어요.

그런데 오늘 예배 시간에 영수가 드럼을 치고 특송을 부르는데 왠지 눈물이 나더라구요. 왜 그럴까 열심히 생각해 보니 지금의 영수가 옛날의 영수 대신 목사님 둘째 아들(이름을 모르겠네요)을 닮았어요. 어쩐지 얼굴이 익숙하다고 느꼈는데…….

단 하루였지만 그 애는 너무 좋은 느낌으로 남았고 염려하며 기도했던 마음과 동일한 마음으로 그 애를 염려했었는데, 시간의 흐름과 함께 잊고 있던 기억이 새롭게 떠올라서 마음이 뭉클하기만 해요.

가족 모두 건강하시죠? 목사님과 목사님의 가족들의 건강을 위해 기도할 테니 든든한 후원자가 있음을 기억하시며 늘 행복하고 건강하세요.

1998년 5월

목사님께

목사님, 안녕하세요?

아직 5월인데 엘니뇨의 영향으로 무더운 날씨가 계속되는 관계로 튀어나오는 살들을 달래서 접고 접고 접어 옷 속에 살짝 감추고 얇은 옷을 원망하며 열심히 학교 가서 아이들(5월 교생 실습 기간)에게 한 몸매 한다고 우기다가 몰매도 맞고, 흑흑흑……아픔의 시간들이 지나갑니다.

우간다에서의 시간들이 제게 인간애를 정립시키는 시간이었다면 교생 실습을 하고 있는 이 한 달은 미래의 기둥인 학생들에 대해 더 큰 사랑을 가질 수 있었고 세대 차이를 뛰어넘어 그들의 눈으로 세상을 바라볼 수 있는 방법을 배우는 시간 같아요.

물론 이곳의 아이들은 우간다에 비하면 너무나 풍족하고 안락하게 살아온 아이들이지만, 어른들 말씀처럼 버릇없고 좋지 못한 것들을 너무 쉽게 받아들이는 세대지만, 역시 아이는 아이라는 생각이 들어요.

그래요, 저도 가끔은 그 사랑스런 학생들의 모습에 실망도 하고 낯설어하기도 하지만 적어도 제가 갔던 ○○중학교 1학년 7반 학생들 같은 학생들만 있다면 이 시대는 미래를 염려할 필요가 없을 거예요.

인성교육 선도 학교라더니 역시 학생들의 인성교육만큼은 훌륭했거든요. 반대로 생각해 보면 교육만 훌륭한 교육으로 변한다면 제 첫 제자들처럼 사랑스럽고 훌륭한 인성교육이 잘 된 학생들이 될 수 있다는 말이겠죠?

이 아이들과 접하기 전에 제가 말하던 눈높이 교육이나 어린 세대에 대한 사랑이 얼마나 형이상학적이고 개념적인 말이었는지……. 이 아이들과의 시간 속에서 전 개념이 아닌 몸으로 느껴지는 사랑을 배웠습니다.

아 참! 좋은 소식이 있어요.

목사님, 이건 정말인데요. 저 목사님께 자주 자주 편지 써 놓았는데 나중에 한꺼번에 보내고자 집에 예쁘게 모아두었는데 이사하면서 이 편지들이 우간다에 가려고 기다리다 지쳤는지 모두 손을 꼭 잡고 가출을 했어요.

제가 미안한 마음에 집에만 들어오면 우간다에 보내준다고 아무리 외치고 다녀도 한번 삐진 편지들의 마음을 어찌 다 위로할 수 있겠어요. 찾다가 이제는 지쳐서 포기하고 다시 편지를 쓰는데, 이 편지 역시 목사님의 손까지 갈 수 있을지는 의문이 드네요.

하지만 목사님, 제가 이런 면은 게으르지만 목사님을 기억하며 열심히(?) 하나님께 기도하고 있다구요.

편지 대신 기도를 더 열심히 해드릴게요.

늘 건강하시고 행복하시고 하시는 일 모두 주님이 축복이 가득하시길 기도합니다.

1998년 5월에

김기일 목사님께

제 눈앞에는 여러 가지 갈림길이 있고 그 길들을 걸어가며 하나님을 찾게 됩니다.

4학년, IMF로 인한 미래에 대한 두려움, 사람에 대한 공포, 악한 세력에 대한 두려움. 너무나 많은 것이 저를 막고 무너트리지만 무너지고 나약해진 저는 더 이상 물러설 수 없는 곳에서 항상 하나님을 찾고 하나님은 그런 저를 한 번도 외면하지 않으십니다.

비단 제게뿐만 아니라 선교사님이나 신학생이나 평신도나 하나님을 이제 막 믿기 시작한 사람이나 그 모두에게 동일하시다는 생각을 해요.

사역의 어려움은 듣지 않아도 가슴이 저밀만큼 아파옵니다. 만약 하나님의 길이 아니라면 지금 당장 떠나고 싶고, 고통 속에서 하나님을 찾기도 하고…….

여기에서의 사역조차 목회자들의 마음이 만신창이가 되는데 낯선 땅에서의 사역은 말할 수 없는 아픔이겠죠. 하지만 목사님께서 말씀하신 것처럼 이제 우간다는 목사님의 땅입니다.

그리고 하늘에 목사님을 향한 상급이 많이 있어요. 늘 기억하시고 소망을 가지세요.

주님의 치유의 역사가 일어나기를 간절히 기도하며…….

1998년 6월 15일

목사님께

　벌써 총신대학에 들어온 지 3년입니다. 3년이라는 시간 동안 제게 남은 것은 3류 대학생의 냉랭한 비애뿐이에요. 그래서 학교에 애정을 가지지 못했고 저를 이곳에 보내신 그분의 뜻을 생각하기에 앞서 사람들의 시선에 아파하고 힘겨워했어요.

　오늘 채플 시간을 통해 하나님께서는 이런 저의 모습을 다시 한 번 질책하시네요.

　세상이 보기에는 단순한 3류대인 이곳 총신. 하지만 이곳에는 하나님의 사랑이, 또 21C의 교계 지도자들이 있는 곳이에요. 여기서 많은 목사님들이 선교를 결심했고 여기서 많은 사람들이 하나님을 만났을 텐데, 이 훌륭한 학교가 제겐 기회의 장소가 아니라 무거운 짐이었다니 바보 같죠?

　그러니 그보다 더 바보 같은 것은 그 짐이 무거워 제 자신을 위해 기도하던 애 티를 간신이 벗은 신입생 시절이 있었는데, 이제 1년 후면 졸업을 하는 선배의 입장에서 아무것도 해놓은 것이 없어 주님께 죄송할 뿐이에요.

　목사님도 아마 저와 같은 신학대학 출신이겠죠? 목사님의 학창 시절은 저와 많이 달랐겠죠? 하나님을 만나고 그분께 헌신하며 한 걸음 한 걸음 나아가는 모습이었으리라 생각되네요.

　그래요, 목사님의 발자취를 따라 한 걸음씩 주께로 가야겠어요. 이미 상당히 늦은 감이 있지만 그래도 1년이라는 시간이 제게 남았으니까요.

참 이곳 소식이 궁금하시겠네요.

정치면은 생략……다행히 스포츠면은 박찬호나 월드컵 본선 진출 등 사람들을 위로할 수 있는 일이 계속되어 힘든 와중에 가슴을 따뜻하게 하고 힘을 주고 있어요.

스포츠계의 기쁨이 사회 전반에 퍼져나가 우리 사회가 다시 회생하길 소망해요. 많은 사람이 기도해서인지 부도가 난 회사들이 자구책을 찾으며 회생의 기미가 보인데요.

특별히 백화점은 오히려 매출액이 상승했어요. 많은 사람이 위기의식에서 공동체 의식을 느낀 것이겠죠. "위기를 기회로"라는 말이 우리 사회에서 실현되었으면 좋겠어요.

목사님도 동일한 믿음이시죠? 그래요, 아직까지 위태롭지만 이것이 두 보 전진을 위한 일 보 후퇴라고 믿으며 각자의 위치에서 노력하는 것이 중요하겠죠. 그렇게 살기를 바라며 이만 줄일게요.

김기일 목사님께

이제 겨우 6월인데 벌써부터 더위에 정신을 차릴 수가 없네요.

우간다에 계신 목사님이 들으시면 웃으시겠지만 느낌 탓인지 이곳의 더위 역시 만만한 존재는 아니에요. 시험 기간에는 공부 때문에 더위를 잘 몰랐는데 막상 시험이 끝나고 나니 아, 바다가 몹시 그리워요. 선교사님도 내륙인 우간다에 계시기에 바다가 몹시 그리우시겠네요. 호수는 볼 수 있겠지만 바다는 우간다를 벗어나야 볼 수 있으니, 더운 날씨 속에서 가끔 바다를 생각하시죠? 이번 여름에 바다에 가게 된다면 바다 사진을 찍어서 선교사님께 보내드릴게요.

사진이라도 보며 위안을 삼으시고 IMF형 피서법인 시원한 물에 발 담그시고 시원한 수박을 드시는 것은 어떨는지…….

선교사님, 선교사님과 그곳의 아이들을 만난 지 벌써 1년 가까이 되어가요. 1년 동안 우리나라에도, 나에게도, 우리 집에도 많은 변화가 있었는데, 그중에서 가장 기억나는 것은 흑인에 대한 제 생각의 변화예요.

제 의식 속에도 백인에 의해 만들어진 백인 우월주의 사상이 파고들어서 흑인이 우리보다 열등한 존재 같고 무시해도 좋을 것 같았는데, 흑인 역시 하나님에 의해 창조된 우리와 동일한 존재임을, 하나님 안에서 한 형제자매임을 이제 인정합니다.

그러나 옛사람의 존재 때문에 아직도 이질감이 존재하고, 다가설 때면 두려운 마음이 드네요.

이야기했는지 모르겠지만 우리 교회 중등부 선생님이 중등부 예배에 흑인과 함께 오세요. 언어의 장벽으로 사람들이 다가서지 않았기 때문인지 외로워 보이는데 저 역시 언어의 높은 벽이 느껴지고 제 학생들에게 관심을 쏟다 보면 그 사람과 이야기할 시간이 없었어요.

어느새 그 사람에 대해 잊고 생활했는데, 제가 그 사람이 단지 흑인이라는 이유로 호감을 가졌다는 것을 느꼈는지 그 사람이 절 보고 자주 웃고 "Hi" 같은 짧은 인사나 이야기를 건네곤 합니다.

그의 모습을 바라보며 인간에게 굶주린 한 사람의 눈빛을 보았고 흑인에 대해 가지고 있는 우리 사회의 편견을 보았습니다. 가슴 아팠지요. 더구나 제가 안타까워하는 제 동족의 모습이 얼마 전의 제 모습이라는 사실이 더 많이 제 마음을 억눌렀습니다.

하지만 희망을 가져봐요. 목사님처럼 한국에서도 충분히 아름다운 삶을 영위하시던 분이 단지 그들에게 복음을 전하고자 하는 순수한 열정으로 우간다처럼 머나먼 곳으로 떠나시는 분도 있는데…….

저희가 흑인들과 접촉 기회가 많아지면 또 국제화시대에 접어들면 접어들수록 저희의 편견은 사라질 거라고 믿어요. 그 편견이 사라지는 날을 소망하며 이만 줄일게요.

늘 건강하시고 행복하세요.

김관수

Dear. 김기일 목사님! 읽어 주십시오.

4월 22일에 목사님께서 보내신 편지를 받았습니다. 어쩌면 현재까지 담 안 생활을 해오던 중에 가장 기쁜 일이 아니었나 합니다. 머나먼 이국땅에서 오는 이 즐거움을 가질 수 있도록 해주신 목사님께 감사를 드리고 지극히 높으신 하나님께 존귀와 영광을 돌려 드립니다.

"너희 안에서 행하시는 이는 하나님이시니 자기의 기쁘신 뜻을 위하여 너희에게 소원을 두고 행하게 하시나니"(빌 2:13).

목사님! 우선은 건강하게 그곳 우간다 땅에 돌아가셔서 저는 너무나 기쁘고 또한 잊지 않으시고 답신을 주셔서 감사합니다. 현재 이곳은 부활절을 맞이하여 교회도 부활의 기쁨으로 여러 교회들의 연합으로 예배를 드렸습니다. 목사님께서도 물론 그곳 원주민 성도들과 기쁘게 부활절을 맞이하셨으리라 생각합니다.

제가 목사님께 편지를 보내놓고 우선 제대로 도착이나 할까 하는 생각과 답신이 언제나 올까 하는 생각에 이제나 저제나 기다렸는데, 약 3개월이 걸린 것을 보니 역시 머나먼 이국땅이라는 것이 실감 나네요. 지난번 편지에는 자세하게 말씀드리지 못해 못내 죄송했는데 이제는 이 편지를 통해 현재의 사정과 앞으로의 진로를 자세히 말씀을 드리겠습니다.

목사님! 저희가 청송에 있을 적에 운동장을 거닐면서 여러 차례 출소 후의 삶을 이야기한 적이 있었습니다. 저는 이곳을 출소하면, 여건이 되는 대로 곧장 목사님이 계시는 우간다로 갈 수만 있다면 꼭 가고 싶습니다. 현재까지 형기가 5년 7개월 정도 남았는데, 이곳 순천에서 남은 형기 동안 여러 가지 기술을 배운다면 보다 빨리 갈 것이라고 생각하고 있습니다.

참고로 현재의 제 사정을 말씀드리자면 2011년 1월부터 건축시공 훈련생이 되어서 건축기사가 되는 과정을 2년간 배우고 있고 또 이곳을 마치면 건축목공 2년 과정을 배울까 합니다. 제가 전에 목사님께 말씀드린 것처럼 저는 현재 제가 가지고 있는 기술 중에 벽돌 쌓는 기술인 조적, 그리고 미장, 이용 기술을 가지고 있고 강원도에 있을 때는 농어촌 선교부(합동총회) 측의 간사로서 농사와 가축을 키우고 지도하는 일을 했습니다.

이곳 순천은 훈련만을 전담하여 가르치는 기술훈련 교도소인데, 전기, 페인트, 목공, 보일러(2년) 건축시공, 정보관리(2년)가 있습니다.

현재 건축기술을 배우고 있는데 목사님께서 다음 답신에 위에 적힌 기술 중에 제가 꼭 배웠으면 하는, 즉 그곳에서 꼭 필요한 기술이 있어서 배웠으면 하는 기술이 있다면 적어 보내 주십시오. 제가 이곳을 출소하면 52세가 되는데 저의 남은 삶을 그곳에서 목사님과 함께 그리스도인으로 올바로 살다가 떠나가고 싶습니다.

저의 가족들인 두 분의 누님께는 화상접견으로 말씀드렸더니 좋다고 하셨습니다. 그런데 제가 전과자인데 과연 그곳에 갈 수 있을까요? 어쩌면 그곳에서 초청장이 온다면 좀 더 쉽게 나갈 수 있으리라 생각하는데 어찌 될지 모르겠습니다. 참, 목사님! 이 편지를 받으신 후 바로 편지를 해주시길 부탁드립니다. 왜냐하면 이곳에서 지금 편지를 보내면 정확히 언제쯤 편지가 왔다 가는지 알기 위하여 그렇습니다.

목사님! 신문을 읽으면서 그곳 우간다의 뉴스들이 나오면 유난히 목사님의 얼굴이 떠오릅니다. 참, 얼마 전에 이태식 신부님의 〈울지마 톤즈〉라는 영화를 보았는데, 목사님께서 계신 우간다의 옆 동네인 수단 남부의 작은 동네에서 선교활동을 하시다가 암으로 돌아가신 이야기를 담은 영화였고, 참으로 가슴에 와닿았습니다. 현재 이제 다섯 살 된 제 어린 아들이 아이 엄마와 있는데 출소 후 양육 문제만 마무리되면 곧장 출국할 수 있습니다. 하오니 부디 좋은 의견을 주시길 부탁드리옵고 저를 받아 주신다면 남은 생애 동안 그리스도인답게 목사님의 곁에서 그곳 사람들과 행복하게 살아보겠습니다.

제가 그러기 위해서는 어떤 준비를 해야 하는지를 말씀해 주셨으면 좋겠습니다. 이제 또다시 돼지가 씻은 후 다시 더러운 곳에 눕는 어리석은 우는 범하지 않겠습니다. 부디 조언과 아낌없는 충고를 부탁드립니다.

김기일 목사님! 현재 한국은 봄이 되어서 여기저기 꽃으로 가득합니다. 특히 벚꽃이 만발하고 이곳 순천은 매화꽃이 향기롭고, 밤이면 기차 소리까지 들리니 절로 고향 생각이 납니다. 목사님께서는 그곳 우간다에서 선교 활동을 하신 지 오래되셨으니 어쩌면 그곳이 고향처럼 느껴지실 수도 있겠지만 그래도 이곳 조국 땅 한국이 많이 생각나시지요?

항상 목사님을 위하여, 그리고 우간다 캄팔라의 선교지를 위하여, 또 목사님의 가정을 위하여 기도를 하고 있사오니 필히 힘을 내시고 영육 간에 건강하시고 믿음의 승리하시길 언제나 기도로 동참하겠습니다. 그곳에 소식들 많이 전해 주시길 부탁을 드리옵고 이만 글을 줄일까 합니다. 다음 소식 때까지 건강하시고 행복하십시오.

2011년 4월 26일
순천의 교정마을에서

Dear. 김기일 목사님! 읽어 주십시오.

"피차 사랑의 빚 외에는 아무에게든지 아무 빚도 지지 말라 남을 사랑하는 자는 율법을 다 이루었느니라"(롬 13:8).

우선 목사님의 가정과 선교지에 그리스도께서 주시는 평안이 언제나 넘치시길, 아울러 늘 건강하시길 기도합니다. 7월 8일에 보내주신 편지를 받았습니다. 제가 4월 26일에 그곳으로 편지를 보냈는데, 두 달 하고 열두 날이 걸린 것 같습니다. 나중에 연말에 성탄 카드를 보낼 때 많은 참조가 되겠습니다.

보내주신 편지를 읽어보니 나름대로 건강을 잘 유지하고 계시는 듯하여 절로 기쁩니다. 또한 목사님의 아드님께서도 사랑의 일손을 돕기 위하여 목사님 곁으로 오셨다고 하시니 저는 아드님이 너무나 부럽습니다.

하나님의 사람, 김기일 목사님!

현재 이곳은 장마가 끝나지 않아서 벌써 사흘 동안 비가 줄기차게 내리고 있습니다. 물론 그곳 우간다는 우기가 끝나고 건기가 시작되면 무척 더울 것이라고 생각됩니다. 여기 전라도 순천은 장마가 끝나고 본격적인 더위가 오더라도 30도를 웃도는 나름대로의 무더위지만 그곳에 비하면 아무것도 아니라는 생각에 굳건하게 버티려고 생각합니다.

참으로 사람의 일은 내일이 어떻게 될지 모르는 것 같습니다. 목사님과 헤어져서 순천으로 왔을 때는 그 어떤 인연도 모두 끊어졌다고 생각했는데, 믿음으로 이렇듯 관계를 맺게 될지 몰랐습니다.

성경을 자주 읽으려고 노력하고 주변의 사람들에게 시간이 날 때마다 전도하려고 기도하며 예배는 늘 참석하면서 주변의 동료들에게 내가 그리스도인이라는 모습을 보여주니 절로 제 행동이 조심스러워집니다. 혹시나 나의 잘못된 행동으로 인하여 그리스도를 욕 먹게 하는 것은 아닐까 하며 늘 언행에 조심하고 화내는 것도 자제하게 됩니다.

참! 오광운 아시죠? 5월에 화성 직업훈련 교도소에서 편지가 왔었는데, 제가 목사님과 연락을 하고 있다고 하니 대신 안부를 여쭈어 달라고 했습니다. 광운이도 여전히 건강하게 잘 생활하고 있습니다. 건축목공을 신청했다고 합니다.

그리고 이곳 순천은 직업훈련 교도소라서 목사님께서 말씀하신 제과제빵이 있으나 청암대학 호텔조리학과에 입학해야 하고 그러기 위해서는 가족 중에 한 사람이 등록금의 50%를 내겠다는 서류를 제출해야 하는데 저는 그럴 형편이 되지 않아서 어쩔 수 없이 돈이 안 드는 건축 분야를 신청하였습니다. 현재 배우는 건축시공이 내년에 끝나면 건축목공으로 옮기려고 합니다. 아직 될지 어떨지는 모르겠지만 그렇게 해서 4년을 보내고 남은 1년은 건축도장(페인트칠)을 배우려고 계획을 세웠습니다. 항상 기도하실 때 무사히 마칠 수 있도록 기도해주시길 부탁드립니다.

하나님께서 그곳 선교지에 항상 목사님께서 뜻하시고 바라시는 대로 모든 일들을 이루어 주시길 기도하고, 반드시 하나님 나라의 지경이 넓어지는 그래서 천국의 열매가 알알이 영글어 가길 기도하겠습니다.

하나님의 사람, 김기일 목사님!

참! 지금까지는 일본어를 공부했는데 영어 공부로 바꾸려고 합니다. 그것이 맞겠지요?

목사님!

저는 오늘도 목사님을 뵙게 되는 그날이 하루속히 오기를 손꼽아 기다리고 있습니다. "천하를 얻고도 건강을 잃으면 소용없다"라고 하였으니 부디 건강하시고 목사님과의 서신 교제가 오래도록 끊어지지 않기를 간절히 바라면서 목사님의 가정과 선교지에 평안의 인사를 끝으로 글을 마치겠습니다. 그럼 다음 편지까지 안녕히 계십시오.

2011년 7월 12일
순천의 교정마을에서

할렐루야!
Dear. 보고 싶은 김기일 목사님! 읽어 주십시오.

"하나님이여 사슴이 시냇물을 찾기에 갈급함 같이 내 영혼이 주를 찾기에 갈급하니이다 내 영혼이 하나님 곧 살아 계시는 하나님을 갈망하나니 내가 어느 때에 나아가서 하나님의 얼굴을 뵈올까"(시 42:1-2).

엊그제까지는 단풍으로 물든 가을 산을 보았는데 11월로 접어들어서 추위가 갑자기 몰려왔습니다. 예년보다 약 20일 정도 일찍 찾아온 추위라고 하는데 목사님께서도 여기 청송의 날씨와 가을의 풍경을 잘 아시죠? 11월 4일에 군산교도소를 거쳐 온 목사님의 편지를 받고 너무나 기쁘고 감동이 되었습니다. 건강은 어떠십니까?

목사님의 선교지가 캄팔라에서 진자라는 도시로 바뀐 것도 모르고 몇 차례의 편지에도 소식이 없어서 '혹시나' 하는 염려도 했고 혹시 제가 기도에 소홀한 것은 아니었는지 절로 반성도 해보았습니다. 그리고 목사님의 아드님(김민영)께 전화를 해볼까도 생각해 보았지만 '무소식이 희소식'이라는 옛말처럼 기다렸더니 역시 들려온 소식은 대박이었습니다.

하나님의 사람, 김기일 목사님!

이제 서신을 보내주시는 것을 보면 진자에서의 자리가 어느 정도 잡혔기에 조금의 여유가 생겨 편지를 하시는 것이겠지요? 그동안 순천을 거쳐 청주, 군산, 다시 청송으로 왔습니다. 자격증은 '건축일반시공기사: 2년 과정', '타일 기능사'를 획득했고, 여기 청송2교(옛 감호소)는 경북직업훈련교도소로 명칭이 바뀌었고 2015년 7월 16일 자로 예전 우리들이 만났던 그 청송에 '이용기능사: 1년 과정'을 획득하러 왔습니다.

사실 목사님께서 제빵기술이 좋다고 하신 것은 알지만 제가 잘할 수 있는 건축과 이발 자격을 가지고 목사님께 달려가겠습니다.

그동안 1년 9개월에 걸쳐 성경 필사를 완성했습니다. 그리고 꾸준히 기도를 하며 오로지 하나님 나라를 위하여 일을 할 수 있도록 비전을 달라고 기도를 했는데, 그 기도의 응답이 바로 목사님을 통하여 또다시 소명을 주셨다고 믿습니다. 아멘. 저는 현재 여기 직훈교도소의 예배 때에 찬송을 인도하는 찬양인도자와 성가대원으로 봉사하고 이용공과의 궂은일들을 솔선수범하며 몸 건강히 잘 지내고 있습니다.

아, 참! "엄마소리 변형 유아카시트"의 특허, 실용시안, 상표등록 이 3건의 보안을 좀 더 하라고 했는데 많은 지연 시간과 비용이 들어서 11월 2일에 전부 포기한다고 했습니다. 한 3년은 든 것 같은데 비용 대비 하나님을 만날 시간이 너무 없어서 포기하기로 했습니다. 그렇게 포기를 하고 보니 속이 시원했습니다. 정말 잘했다는 생각입니다.

하나님의 사람, 김기일 목사님!

이제는 옛사람의 허물을 벗고 "살아도 주를 위해 살고 죽어도 주를 위해 죽는다"라는 심정을 가지고 신앙생활을 하게 되었으니 제가 선교사가 되는 방법이나 어떤 도움을 받을 수 있는지 여쭙고 싶습니다. 10년의 실형 중 이달 13일에 정확히 9년을 살았고, 남은 1년 동안 열심히 자격증을 딸 계획입니다. 그리고 제가 목사님께 말씀을 드렸다고 생각되는데 옛날에 감호가 조금 남아서 2~3년 정도 더 살아야 할지도 모릅니다. 그러나 좌절하지 않을 것입니다. 꼭 기다려 주시고 좋은 정보를 주십시오.

그리고 현재 1급 모범수인데 전화는 한 달에 5번, 면회도 한 달에 여섯 번입니다. 그동안 밀린 이야기가 많아서 빽빽하게 채워서 편지를 보냅니다.

고국에서 보낸 이 편지를 얼마 만에 받게 되실지 모르겠지만 작년과 똑같이 연하장도 보낼 것이니 부디 선교지에서 힘들고 어려웠던 모든 일들이 오직 주님만이 영광이 되는 나날이 되길 끝까지 기도하겠습니다. 또 남은 날들 동안에도 목사님의 건강과 선교지의 부

홍과 보다 많은 사람들에게도 널리 하나님의 이름이 퍼질 수 있기를 빌면서 이만 글을 마치겠습니다. 안녕히 계십시오.

2015년 11월 5일
천송골 교정마을에서 선교사를 꿈꾸며

안현옥

안녕하세요?
언제나 건강하시죠? 멀리 있다 보니까 자꾸 생각이 나게 되요.
한번 읽어보세요.
"제자의 삶"

"할 수 있거든 너희로서는 모든 사람과 더불어 화목하라"(롬 12:18).

한 노예의 사랑

어떤 사람에게 조우라는 충성된 노예가 있었습니다. 주인은 모든 일을 그와 의논하고 그에게 많은 일을 맡기고 있었습니다. 어느 날 주인은 조우와 함께 또 다른 노예를 사기 위해 노예 시장에 갔습니다. 많은 노예들이 상품처럼 진열되어 있는데 유달리 늙고 힘없는 한 노예가 끼어 있었습니다. 주인은 힘이 좋고 젊은 노예를 사려는데 조우가 병든 노예를 사자고 주장해서 주인은 조우의 말대로 그 노예를 사왔습니다. 병든 노예는 집에 와서도 별로 일을 하지 못했지만 조우는 열심히 그를 간호하고 잘 돌보아 주었습니다. 주인은 조우에게 일도 못하는 그 노예를 무엇 때문에 그토록 극진히 돌보느냐고 물었습니다. 조우는 눈물을 흘리며 말하기를 "저 노예는 나의 원수입니다. 내가 어렸을 때에 나를 유괴해서 노예 상인에게 팔아 지금의 신세가 되었습니다. 그런데 뜻밖에 저 사람도 노예가 되어 병들어 있습니다. 내가 그의 얼굴을 보는 순간 하나님이 내게 말씀하시기를 원수를 사랑하라는 것이었습니다. 저는 이제 저분이 세상 떠날 때까지 사랑할 것입니다"라고 하는 것입니다.

여기에 평안이 있고 승리가 있고 문제의 해결이 있습니다.
"너희 하늘 아버지의 온전하심과 같이 너희도 온전하라."

곽선희 목사 저 《최종 승리의 비결》에서

언제나 건강하세요. 안녕히 계세요.

1998년 4월 14일

최미옥

목사님께

샬롬! 주님의 이름으로 문안드립니다. 저는 평안교회 최미옥입니다.

목사님, 건강하게 잘 지내시는지요? 갑자기 편지를 보내서 놀라셨지요. 지난 7월에 사모님께서 주소를 가르쳐 주셨는데, 편지 써야지 하다가 지금에서야 편지를 띄웁니다.

추수감사절 때 주일학교 어린이들이 감사편지 쓰는 시간이 있었는데, 저도 제 주위에 감사해야 할 분들을 생각하게 되었어요. 우간다에서 열심히 하나님의 일을 하고 계실 목사님 생각이 많이 났습니다.

편지 쓰기 전에 세계 지도책을 펴 놓고 우간다라는 곳을 찾아봤어요. 그래도 목사님께서 그곳에 계시니, 우간다라는 이름만 들어도 쉽게 귀에 익게 되네요.

아이들도 잘 지내고 있지요. 얼굴은 잘 모르지만 예전에 학교 다닐 때 두 명 정도는 본 것 같은데, 아이들이 적응하는 데 어렵지 않은지 모르겠네요.

이곳은 가을이라 낙엽도 많이 떨어졌고, 여러 가지 생각에 젖어드는 달이에요. 오늘은 첫눈이 왔어요. 너무 추웠고 첫눈인데 비해 너무 눈이 많이 왔어요. 눈을 맞고 오면서 기분이 너무나 좋았어요. 하지만 내일(11월 18일)이 수능시험이라 너무 추워서 걱정이에요.

우리 평안교회 목사님도 건강하게 잘 지내고 계십니다. 성도님들도 건강하게 잘 지내고 있습니다. 저도 물론 잘 지내고 있어요.

그곳 생활이 궁금하기도 해요. 아프리카라고 하면 예전 고정관념에서 벗어나지 못한 생각들이 떠오르고요.

목사님께서 멀리 타국에서 예수님의 복음을 위해 어려움도 마다하지 않고 애를 쓰시는데, 제 자신을 돌아보면 가끔씩은 내 형편에 대해 불평하기도 하고 주위에 전도해야 할 영혼들이 많음에도 불구하고 나 혼자만의 이기적인 신앙생활을 하고 있는 건 아닌가 하는 생각이 들곤 합니다. 그래서인지 목사님이 너무 존경스럽고 제 자신이 부끄러워지는 것 같아요.

그러나 이렇게 안주하는 믿음이 아니라, 저도 하나님의 쓰임 받는 믿음의 딸이 되기 위해 기도하며 실천하려고 노력하고 있어요.

목사님, 외롭고 한국이 그립기도 하지요? 항상 목사님을 기억하고 목사님께서 하시는 사역을 위해 기도할게요.

목사님, 항상 건강하시고 또 연락드릴게요.

안녕히 계세요.

1998년 11월 17일

승향 자매

사랑하는 김기일 목사님 내외분께

올 한 해 감사한 것은 이곳 아프리카에서 두 분을 만나게 된 것임을 자랑스럽게 말씀드리고 싶습니다. 사역 위에 큰 은혜와 하나님의 동행하심이 항상 함께하시기를 기도하며……. 늘 건강하세요.

샬롬!

목사님, 사모님! 승향 자매입니다. 며칠 후면 만나 뵐 것을 생각하니, 시골에 가는 것처럼 벌써부터 설렙니다.

목사님, 사모님 항상 건강하시고 부족하지만 저도 주님께 기도하며 함께하겠습니다.

항상 평안하시고 주님의 사랑으로 사랑합니다.

이정현 선교사

김기일 선교사님
안녕하세요! 저는 이정현입니다. 기억하시겠어요?
　소식이 늦어 죄송합니다. 지난번 영수 형제 편으로 보내신 편지로 소식을 들을 수 있어서 대충 그곳의 상황을 알게 되어서 너무 감사합니다. 자주 연락을 드리고 소식을 전하고 했어야 하는데, 그렇지 못했던 저의 불찰을 용서하시구요. 이제라도 자주 연락하며 기도로써 중보하기를 원합니다.
　저는 이곳에서 12월 12일까지 있다가 12월 중순 경에 들어갈 예정입니다. 지금 어떻게 지내고 계신지, 언어는 배우고 계신지, 고아원은 어떻게 되는 건지 등등 여러 가지가 궁금합니다. 그리고 건강은 어떠신지요? 우간다 날씨, 문화, 언어 모든 것들이 낯설지는 않으신지요? 더군다나 사모님이 안 계신데, 음식은 어떻게 해결하고 계신지요?
　저는 이곳에서 언어를 배우고 있는데 남의 나라 말이라서 너무 힘들고 어려울 때가 있어요. 그리고 날씨가 변덕스러워서 적응하기가 조금은 힘이 들지만 그래도 지낼 만합니다.
　지금은 2달 동안 방학 기간이라 Bautry Hall(한국의 선교관 같은 곳)에서 일하면서 먹고 자고 지내고 있는데 새로운 경험과 함께 많은 것들을 배울 수 있는 좋은 기회를 주신 하나님께 감사와 영광과 찬양을 드립니다.

지난번에는 식당에서 설거지를 하다가 컵을 깨뜨리고 화장실 청소하다가 똥물도 튀고요, 얼룩진 카페트는 칫솔로 열심히 닦고요, 다림질하고 재미있게 여러 일들을 배우면서 지내고 있습니다.

다음에 소식 또 드리겠습니다.

건강하시구요, 주님의 이름으로 선교사님 가정을 축복하기를 원합니다.

P.S : ○○○ 선교사가 만든 '우간다 소식지'를 함께 보냅니다.

민규 엄마

고모부님께

그동안 안녕하셨습니까?

이곳 서울은 고모부님 덕분에 가족 모두 건강하게 잘 지내고 있습니다.

보내주신 편지는 아버님, 어머님, 우리 가족 모두 돌아가면서 잘 읽었습니다. 잘 도착하셔서 그곳 생활에 잘 적응하고 계신다고 하니, 집에 계신 부모님께서도 조금은 마음이 놓이는 것 같습니다.

지금 서울의 날씨는 가을을 연상케 하는 높은 파란 하늘을 보여 주고 있습니다. 처음 우간다에 가신다고 하실 때는 어머님께서 무척 많은 걱정을 하시더니 지금은 잘 계신다고 하니 마음이 조금은 편하신가 봅니다.

큰형님 가족도 모두 다 자기 할 일을 열심히 하고 계시고, ○현이와 ○현이도 유치원에 잘 다니고 있습니다.

아이 아빠도 회사에 열심히 다니고 있고, 며칠 전에는 우리 아이 돌이 지났습니다. 돌 때는 우리 아이가 서지도 못해서 조금 걱정을 했는데, 지금은 한 발짝 두 발짝 정도 걸을 수 있어서 다행이에요.

어머님께서는 직장 생활을 지금은 하지 않으시고 집에서 저와 아버님과 민규랑 쉬고 있습니다. 조금의 휴식이 필요한 것 같아서요.

그곳 생활은 우리나라에 비해서 부족한 것이 많아 나름대로 불편을 느끼시겠지만 많은 인내와 앞으로의 미래를 위해서 열심히 생활하시고 나오십시오. 고모부님의 선교 활동이 우리나라에 많은 영향을 미칠 수 있게 말입니다.

보내주신 편지 잘 받았습니다.

어머님, 아버님을 대신해서 제가 몇 자 적었습니다. 널리 이해해 주시고 다음에 기회가 있으면 또 쓰겠습니다.

특별한 기후 조건에도 몸 건강히 안녕히 계십시오.

1997년 8월 14일

이의철

샬롬으로 기일 형님께 사랑의 마음을 전합니다!

능력의 주 하나님께서 작은 십자가를 지고 낯선 이역만리 아프리카에서 샤론의 꽃향기를 날리고 계시는 형님과 형수님 그리고 선교사님들께 능력과 지혜로 충만하게 하시길 원합니다. 건강의 축복과 평강으로 위로받게 하시고 하나님 나라를 확장시키는 성령의 도구로 쓰임 받게 해 주시길 충심으로 기원 드립니다. 보내주신 사랑의 언어, 생명의 메시지들은 감사히 받아서 심령 속에 깊이 새깁니다.

저는 기도와 성원에 힘입어 오늘도 감사함으로 하루를 시작하고 감사로 하루를 마치며 반복된 일상들을 살아가고 있습니다.

저에게 새 소식을 주시는 것이 부담이 되지 않으셨으면 해요. 새 소식은 따로 있는 것이 아니고 형님께서 겪고 계시는 일상 자체가 새 소식이며 영적인 언어들이어서 하나님께서 기뻐하실 일이며 아무나 갈 수 없는 곳에서 아무나 할 수 없는 광야 속에서 사역을 감당하고 계시니까요. '선을 행하되 낙심치 말지니 때가 이르매 거두리라' 하셨으니 형님께서 눈물로 뿌리는 생명의 씨앗들이 언젠가는 사랑의 열매로 귀한 열매를 맺게 되고 주의 나라가 우간다에 이루어질 것이라 믿사오니 스스로 책망하지 마시구요.

큰 일, 작은 일이 따로 있는 것이 아니라 하나님의 영광을 위해서

라면 하나님 보시기에 우리의 중심으로 드려지는 것들이니 다 동일하며 기뻐하실 거라 믿습니다. 파이팅!

그래도 조카들이 흩어져 지내면서도 곁길로 나가지 않고 제 갈길을 바르게 가고 있으니 얼마나 감사할 일인지요! 가족 모두가 육신은 떨어져 있어도 하나님의 섭리 속에서 영적으로 교통을 이루며 하나 되어 있으니 기뻐합시다.

큰조카 결혼 문제도 전혀 염려할 필요가 없는 것 같네요. 요즘은 한국사회의 결혼 적령기가 많이 늦어져서 남자는 30대 중반이구요. 여성은 30대 전후가 가장 많고 이상적이라 하네요. 이유는 설명드리지 않아도 짐작이 되실 거예요. 부모 입장에선 당연히 걱정이 되시겠지만 조카들이 하나님 자녀들로 지혜로운 아이들이니 이제껏 잘 해왔듯이 결혼 문제도 아무 문제없이 해결해 낼 줄로 믿습니다. 선교 후원이 갈수록 약해지고 관심이 멀어지는 것은 세상의 끝이 가까워 오기 때문이겠지요. 악한 이 시대, 우리가 더욱 깨어서 근신하며 경각심을 가져야 할 때가 아닌가 생각을 해봅니다.

저도 밖에 있으면 조력자가 될 수 있을 텐데 하는 아쉬움이 남습니다. 불가항력적인 입장에 처해 있어서 그저 기도로 하늘 보좌를 두드리는 수밖에요. 지난번 서신에 제가 궁금해하는 부분에 대한 답변이 하나도 없어서 조금은 아쉬움으로 남네요.

범사가 우리 계획과 생각대로 되는 것이 아니라 하나님의 시간표에 따라 펼쳐지도록 예정되어 있음을 알지만 그곳 사정을 알아 두는 것도 참고가 되지 않을까 싶어서 문의한 것이지요.

그곳에 가서 살고 싶은 생각도 갖고 있기 때문이지요. 우리가 주님의 것으로 인침 받았으니 사나 죽으나 주의 것으로 어디든지 주님이 가라 하시면 순종해야 하고 하라 하시는 일만 하는 것이 믿음을 가진 자의 본분이요 도리라고 믿어요. 이 서신을 받으실 때면 한국 날씨는 경칩이 지나서 새 봄의 향기가 물씬 풍기고 새 생명의 기운이 온 천지에서 퍼지는 길목이 되지 않을까 싶어요.

요즘은 좀 덜하지만 사계가 뚜렷한 한국 땅이니 기후 조건이야 이 지구상에서 최고가 아닐까 싶어요. 그래서 타국 땅에서 살고 있는 사람들이 고국을 그리워하는 이유 중에 하나가 아닐까요?

보지 않아도 우간다의 기후 상태를 짐작해 볼 수 있고, 지내시기에 불편한 점이 많으시리란 생각이 드네요.

우리의 마음이 머무는 곳이 어디냐에 따라서 천국도 지옥이 될 수 있음을 깨달은 하나님의 사람들이니, 불평보다는 감사로 제단을 쌓고 언행심사에 있어서 오직 주의 영광을 나타내는 데에 거룩히 구별되어 드려지는 산 제사가 되어야 하겠지요.

저에게 마음 써 주셔서 감사드립니다. 항상 그리스도 안에서 함께 하고 있다는 사실로 만족하겠습니다. 언젠가 주님의 시간표에 따라 만남의 시간이 있음을 믿고 오늘은 제 자신의 내면을 다스리고 그리스도를 닮아가는 일에 마음을 쓰겠습니다.

건강 관리 잘하시구요. 잘 지내시면 좋겠구요. 선하시고 인자하시며 영원하신 하나님과 동행하시며 영생 복락을 누리시는 삶이 되길 기원 드리오며 이만 줄일게요.

2012년 2월 27일

민종

사랑하는 어머니께

한국으로 온 지 벌써 20일 넘었네요. 그간 차일피일 미루던 일들을 한번에 모아서 하려니 무엇을 해야 할지……빠진 건 없는지 정신이 없네요.

일단은 세모가 외장하드를 들고 가 버려서 엄마한테 보내준다던 드라마는 천천히 보내야 할 것 같아요. 이 선교사님 가실 때 보내드릴게요.

우간다에서처럼 드라마를 잘 봐야 하는데 집에 TV도 안 나오고 다운받아서 보기도 그렇고……내가 안 보니까 뭐가 재밌는지 모르겠어서 아는 사람한테 부탁해 "선덕여왕"이랑 받아놓을게요.

다음 주에 형이 들어오면 같이 아빠한테도 다녀오고 시골도 다녀올게요. 이것도 차일피일 미루던 일이네……

우간다에서 더 게을러져 와서 큰일인데, 그래도 곧 일을 시작하면 매일 피곤해서라도 일찍 자고 일찍 일어나겠지요. 앞으로 아주 열심히 부지런히 살도록 노력할 것입니다.

우리 엄마 혼자 우간다에 두고 온 게 못내 걸려서 민규라도 보내려고 하는데, 왜 못 오게 해? 지금 살이 더 쪄서 돼지가 된 거 같아……ㅎㅎ

지금 다니는 학교에 만족이 없어서 편입을 할까 교환학생을 갈까 고민이 많은가 봐요. 저 나름대로……. 그래서 누구처럼 RTC를 가든가, 아님 미국으로 가든가 하라고 알려줬더니 솔깃해하다가 2학년은 마쳐야 편입을 할 것 같다고 이번 학기까지는 다니겠다네요. 세모도 졸업하고 대학원을 가고 싶다고 하는데…….

엄마! 몇 달 동안 엄마 도와드린다고 간 놈이 속만 썩이고 말도 안 듣고 별 도움도 못 드리고 와서 죄송하구요. 앞으로는 나도 열심히 공부해서 하고 싶은 일 하면서 살 테니까, 너무 걱정하지 마세요. 괜히 옛날 일 때문에 마음 쓰지도 말고, 좋은 경험이었으니 후회 없어요.

이것저것 잘 챙겨야 하는데, 급한 마음에 몇 개 챙겼어요. 엄마 좋아하는 롯데샌드라도 한 개 남의 짐에 부탁하기 그래서 다음에 무슨 팀 가는 기회가 있으면 알려줘요. 책이랑 음식 몇 가지 챙겨 보낼 수 있으면 보낼게요. 뭐 인터넷 깔았으니 맨날 보겠지만……전화기 보내요. 나중에 받으면 내가 어떻게 사용하는지 알려드릴게요.

항상 건강하시고 밥도 잘 챙겨 드시고……사랑해요!

둘째 드림

P.S. 내가 쓴 거지만 참 나도 글씨 엄청 못 쓴다……. 원래 천재는 악필이래요.

민아

(딸 결혼 후에 우간다로 귀국할 때)

사랑하는 엄마, 아빠

딸내미 결혼시킨다고 멀리서 한걸음에 달려와 주셔서 감사해요.

나도 시집가고, 할아버지도 갑작스럽게 돌아가시고, 엄마랑 아빠 괜히 마음 슬플까 봐 걱정했는데 천국에서 다시 만날 날을 고대하며 툴툴 털어버리신 것도 감사하네요.

엄마, 아빠, 장례 치르며 결혼식 준비하느라 고생 많으셨어요. 그리고 너무 감사해요. 우리 엄마, 아빠의 딸로 태어난 게 참 감사하더라고요.

세상의 가치관도 다 다르지만 무엇보다 성경에 의지하여 키워주신 게 얼마나 큰 재산인지 몰라요. 커서 보니까 내가 이런저런 사람들과 만나면서 이야기해보니 정말 잘 컸다는 생각이 들더라고요. 언제나 사랑으로 키워주시고 믿음으로 양육해 주신 은혜 감사드리며, 저도 제가 이제 이룬 가정에서 또 사회에 보답하며 열심히 살겠습니다.

우간다 가는 여정도 하나님이 지키시고 보호해주실 것을 믿고 편히 보내드립니다.

나중에 뵐 때는 우간다에서 기쁜 인사 나눠요.
엄마, 아빠, 몸 건강하시고 항상 평안하길 기도할게요.
사랑해요.

P.S. 비행기 표를 저희가 사드려야 되는데, 이거밖에 못 해드려 죄송해요. 열심히 돈 벌어서 다음 기회에 할게요.

민아, 상현 올림

민석

어머니께

잘 지내시죠?

저는 6학기째 열심히 다니고 있어요. 아무 데도 서류를 받아 주지 않아서 힘들어했던 때가 엊그제 같은데 벌써 3학년 2학기네요. 선배라고 부르며 따르는 후배들도 이제 제법 많아져서 행동이나 말 한마디도 조심해야 될 것 같아요.

어제는 학교에 대해서 방 사람들과 얘기를 했는데, 참 잘 온 것 같아요. 내가 만약 한동대에 오지 않고 다른 곳에 갔다면 어땠을지 생각만 해도 아찔하긴 해요.

이번 추석에는 저랑 아버지만 시골에 갔어요. 형들은 가기가 싫었는지 다들 안 갔어요. 할머니와 작은아버지들께서 좀 기분이 안 좋긴 하셨나 봐요. 이사 준비 한다는 소식을 들었어요. 유치원 준비 꽤 오래 하셨을 텐데……하지만 더 좋은 것을 예비하셨겠죠.

저는 이번 학기에 학원에서 일 하고 학교에 가서 영어를 가르치고 있어요. 경상북도 교육청에서 지방 영어 교육활성화 프로젝트로 하고 있는 거예요. 포항 월포초등학교에서 일하고 있어요. 전 토목이 전공이긴 한데, 교육 쪽도 정말 재미있는 것 같아요. 공부는 토목을 하고 있지만 일단 KOICA를 갔다 와서 좀 더 심각하게 진로를 고민

해야 될 것 같아요.

　이번 학기에는 학교에서 학비를 지원받았어요. 무이자 대여라고 해서 10년 안에만 내면 된다고 하더라고요. 방학 때 학원일을 2-3개 정도를 했는데 대략 350만 원 정도 번 것 같아요. 지금은 학기 중이라서 60 조금 넘게 벌고 있어요. 내년에 유학을 하게 될지 아니면 더 다니게 될지 아직 정하지는 않았지만 그래도 돈은 필요하니까 조금씩 모으고 있어요. 다음 학기부터는 기숙사 말고 외부에서 살 것 같아요. 팀 교수님이 안식년이라서 팀 사람들과 들어가서 살기로 했거든요.

　비용은 1년에 200만 원 정도 될 거 같아요. 이번 방학 때도 학원이랑 다른 일을 해서 열심히 살아야죠.

　KOICA 준비는 하고 있어요. 아직 3학년을 못 끝내서 기사 자격증은 못 땄지만 겨울부터는 준비하려고요. 아직 해야 될 일은 많은데, 걱정은 안 되네요. 좀 더 기도하면서 준비하도록 할게요.

　요새 한국 경제가 어렵다고 하는데 어머니 계신 곳까지 여파가 안 미쳤으면 좋겠네요. 항상 건강하시고 몸조심하세요.

　어머니, 사랑합니다!

2008년 10월 15일
막내아들 올림

아내(정명선)

사랑하는 당신에게

나의 삶의 동반자인 당신을 멀리 떠나보내고 혼자 덩그러니 남아 있는 듯한 저는 오늘도 하루 일과를 마치고 책상에 앉아 있습니다. 온 식구가 일하러 나간 듯한 집 안이 왠지 썰렁하게 느껴진답니다.

그곳에서의 생활에 아직은 적응이 덜 되었겠지만 이방인으로서의 당신과 민영이의 외로움이나 당하는 고통이 짐작이 간답니다. 그러나 아픔과 고통을 통해 얻는 교훈과 경험 또한 어떤 것보다 더욱 중요한 삶의 부분이 되리라 생각해요. 도전과 노력이 절대로 필요하겠지만 이제는 하나님께 맡기는 지혜도 필요할 것 같아요.

당신, 너무 신경쓰지 말라는 말입니다. 모든 일에 때와 기한이 있다고 전도서 기자가 말했듯이 당신의 때와 기한을 하나님께서 예비하셨으리라 믿어요. 앞서가는 것이 반드시 현명하진 않아요. 주님을 앞장세우면 너무 편하지 않을까요? 뒤따라가는 어린아이의 평안함이 있을 때 자연스럽게 진행되도록 기다림이 필요하겠죠.

필요한 물건들을 될 수 있으면 사 보내려고 하는데, 빠진 것은 없나 모르겠어요.

이곳에서 선교 후원자를 모집하러 다니기도 어렵기에 기도하는 것과 국민일보나 교단신문 등에 우간다 사역을 알리고 후원자를 모집하는 일을 하려고 생각 중입니다. 선교 후원자를 확보하고 관리하는 일을 하려면 그곳에서 편지를 보내고 또한 저에게 그곳 소식을 자세하게 적어 보내줘야 할 것 같아요.

고아원 사역에 필요한 정보나 그곳 상황이나 정치적, 경제적, 문화적, 지역적인 여러 가지 특성이나 문제점 그리고 사역에 중점을 두게 되는 원인이나 생각 등을 자세하게 전달하면 후원자 모집이 더 용이하리라 생각됩니다.

차는 130만 원을 받았고 이번에 아이들 편에 1,000$ 정도만 보내야 될 것 같네요. 후원자 명단과 주소를 보낼 테니까 편지해 보세요. 이곳 소식과 상황은 자주 전화할게요.

어머니는 건강하시고 막내 도련님은 요즘 선보러 다니느라 무척 바쁜가 봐요. 고모와 식구들도 잘 지내고 곧 이사를 계획하고 있대요. 작은댁 식구들도 건강한 여름을 보내고 있고, 우리 아이들도 학교 잘 다니고 우간다에 가고 싶어해요.

또 우리 아이는 웅변을 해서 장려상을 받아와 내 책상 유리 밑에 끼워 놓고 좋아하고 학교생활에 잘 적응하고 성적도 하나만 빼고 잘 받아 왔어요. 또 다른 아이는 아주 성적이 좋게 나오고 즐거운 생활을 하는 것 같아요. 우리 아이들 모두 주일학교 학생회에 나가서 교회 생활도 잘 적응하고 있어요. 21~23일까지 여름 성경학교가 열려서 합숙으로 한다고 교회로 이불까지 싸 가지고 갔어요.

이곳 날씨는 열대야 현상이 5일째 계속되고 있고 34도를 넘는 찜통더위가 모든 사람들을 힘들게 하네요.

우리 어린이집은 7월 28일부터 8월 5일까지 방학을 해요.

당신이 없으니 불편하고 힘든 일이 많네요. 시장 가기도 싫고 밖에 나가기도 싫어서 방에만 꼼짝하지 않고 있어요. 아이들도 입맛을 잃어 식욕이 떨어지고 반찬 투정을 많이 하네요. 가을이 되면 식욕이 돌아올지 모르겠네요. 우리 현재의 삶들이 합력하여 선을 이루게 하실 줄을 믿어요. 하나님의 선하심을 이루기까지 기다려봐요. 좋으신 하나님께 감사와 영광을 돌려요. 당신의 건강과 영력을 채워주시기를 빌고 하나님의 계획에 맞춰 승리하고 이루어 드리기를 기도하면서 줄일게요.

1997년 7월 22일
당신의 사람 명선

사랑하는 당신께

어느덧 시원한 바람이 아침저녁 불어와 가을인 듯합니다.

건강하시지요? 멀리 있는 대로 이것저것 챙겨야 되는데 마음뿐인 것이 많네요. 생활의 불편함, 언어의 불통, 문화의 이질감 등이 당신에게 커다란 스트레스가 되지 않을까 걱정입니다. 하나님께 맡긴다면서도 생각날 때마다 걱정하고 있네요. 셋째는 잘 적응하고 있는지요?

이곳 소식은 우선 막내 도련님이 결혼하게 되었어요. 26세 청주 아가씨이며 충대 병원에서 일하고 있대요. 어머니가 돌아가시고 아버지가 막내 여동생과 살고 있고 침례교회에 다닌다고 합니다. 신앙이 좋다고 하니 감사한 일입니다. 동서는 중국에 다녀올 예정이라고 합니다. 어머니랑 고모네도 잘 지내고 있습니다. 쌍둥이들은 9월 1일 개학했고, 둘째는 하는 일이 재미있다고 합니다.

노회 목사님들 모임 공문이 와서 기도 부탁하는 팩스를 서기 목사님께 보내서 부탁드렸어요. 그곳 사역에서 필요하고 단기 선교할 사람들이 준비할 것이나 사역자들이 어떤 사람들이 필요한지 소식 좀 전해주세요. 국민일보에 당신과 아프리카 사역자들이 실렸다고 들었는데 신문을 구해서 보내줄게요.

무엇보다 하나님이 하시도록 맡기고 기도하고 하나님의 세미한 응답을 듣고 시작하고 추진하며 방향을 결정하세요.

이곳 놀이방도 9월이면 활성화될 것 같아 분위기도 바꾸고 모집 광고도 내고 포스터도 붙이려고 만들어놓았어요. 기도해주세요. 당신 선교의 밑거름 역할을 하도록 기도하고 열심히 할게요. 돈이 없을 텐데, 조금만 기다리세요. 자신감을 갖고 하나님께 기도하고 구하세요. 예비한 것 모두 받아 쓸 수 있도록 하나님만 찾고 의지하세요. 아이들도 하나님과 함께하며 열심히 기도하는 아빠의 모습을 보면서 닮아갈 거예요.

이제껏 보낸 헛된 시간들을 만회하는 기회가 되리라 생각해요. 저도 많이 반성하고 회개하고 있습니다. 돕는 배필이 되도록 기도하고 열심히 일해서 경제적 뒷받침도 되도록 노력할게요. 그곳 영혼들이 순수하니까 오히려 하나님이 더 사랑하실 것 같아요.

우리 두 아이들이 잘 있는지 모르겠네요. 다른 학교를 다닌다면서요? 셋째 입학허가서나 재학증명서 둘 중 하나만 학교로 보내면 유학 처리 된다는데 서류를 뗄 수 있으면 서무과 FAX로 보내면 된다고 합니다.

추석이 되면 모두들 모일 텐데, 우리 식구는 멀리서 송편 구경도 못하고 고향 생각이 나겠지요?

큰아이 생일이 내일모레인데, 미역국이라도 끓여주세요. 가정예배 꼭 드리고, 하나님이 우리 가족에게 놀라운 계획을 가지셨으리라 믿어요. 승리할 거예요. 하나님께서 함께하시니까요. 당신의 멋진 모습을 하나님께서 반드시 회복하시고 찾아 주실 거예요. 난 믿어요! 사랑해요!

1997년 8월 25일

　사랑하는 그대에게
　결실의 계절이라 부르는 가을인데도 아무런 결실을 기대할 수 없는 자신을 돌아보며 회개하는 마음으로 이 가을을 맞이합니다.
　건강하게 잘 지내는지요?
　우리 두 아이들도 잘 적응하며 지내는 데 어려움 없이 잘 견디고 있는지요? 모든 게 궁금하지만 당신과 우리 아이들이 잘 적응하고 지내리라 믿어요.
　이곳의 식구들은 모두 건강하고 어머님과 동생들, 조카들 모두 잘 지낸답니다. 삼촌은 11월 22일경에 결혼식을 할 계획이래요.
　편지하기가 왜 이리 어려운지 모르겠네요. 전화 수화기 들기가 더 쉬워서인가 봅니다.
　당신이 없는 이곳의 생활이 더욱 단조로워지고 재미 없고 정체되어가는 느낌입니다. 그렇지만 주어진 삶을 열심히 살려고 해요. 열심히 일하고 지저분한 부채들을 청산하려면 아직 시간이 걸릴 것 같지만 내게 주어진 일이니까 기도하면서 하나님께 맡기고 저도 노력할게요.
　와서 맡아달라는 주일학교도 있는데, 기도하면서 차차 결정하기로 하고 당분간 교회의 모든 일을 쉬고 있으니까 조용히 예배만 참석하고 그냥 도망치듯 나오고 있는데, 하나님께 죄송하기도 하고 교인들에게 부끄럽기도 하고 아무튼 제 자리가 없는 것 같아서 편치가 않네요.

제가 좀 더 적극적이어야 하는데, 하면서도 잘 알고 있는 것이 싫기도 하고 현명한지 어리석은지의 판단도 흐려지는 것 같아요.

당신이 좀 더 열심히 기도하고 하나님께서 주신 일을 정말 잘 감당하도록 기도하고 있어요. 하나님께서 맡길 수밖에 없는데 당신의 그 첫 열심과 사랑이 회복되어 그곳에서 정말 많은 영혼을 구하는 하나님의 사람이 되도록 기도할게요.

하나님의 사업이니까 하나님의 방법과 하나님의 도우심으로 하나님의 권능으로 하나님의 영광을 위해서 하나님께 맡긴다면 어떤 것이든 장애가 될 수는 없을 거예요.

반드시 하나님의 방법과 권능으로만 가능하겠지요?

전 믿어요. 하나님의 능력과 당신의 사명을……

서두르지 않기로 해요. 땅을 사려면 얼마나 필요한지 구체적인 프로젝트 또한 기도하면서 나누면 하나님의 손길이 일하시기 시작하리라 생각해요.

생활비를 조금씩이라도 보내도록 해볼게요. 이곳이 아직 어려워서 못했는데 빠른 시일 안에 보낼게요. 아껴 쓰고 기다리면 하나님의 은혜가 임하시겠지요.

우리 아이들을 더욱 따뜻하게 사랑해 주세요. 사랑을 먹고 자라는 아이가 다른 사람도, 하나님도 사랑하는 아이가 될 거예요. 우리 아이들에게 엄마가 보고 싶고 사랑한다고 전해 주세요.

1997년 9월 21일
청주에서 당신이 그리워하는 명선 드림

사랑하는 당신에게

어느덧 가을의 깊은 골에 들어선 듯 산에는 울긋불긋 단풍이 지고 아침저녁 찬 공기에 옷깃을 여미게 되어 벌써부터 춥다는 단어를 마구 사용하게 된답니다.

그곳은 어떠한지요? 변함없는 날씨에 지루하진 않나요? 아이들은 어떠한지요? 모든 게 궁금하다가도 '그래, 우리 식구들은 모두 다 잘 해낼 거야' 하며 자위해 봅니다.

교육선교회에 팩스를 보냈어요. 기도제목과 필요한 학습기재 등을 적어서 보냈는데 자주 소식을 전하도록 하세요.

그리고 노회 소식은 지난 12일 오후 7시부터 시작해서 14일까지 열렸고, ○○에서 12일 오후에는 안수집사, 권사임직식이 있었고 10월 23일에는 ○○○ 목사님 박사학위 취득감사예배가 있답니다. 축전이나 보내 드려야겠어요.

선교비는 ○○선교회에서 매달 20만 원씩 보내오고 다른 곳에서는 8월에 ○○○ 목사님이 10만 원, 10월에 10만 원 보내주셨고, ○○○ 교회 ○○ 집사님이 10만 원, 인천 ○○교회 강도사님이 7월에 6만 원 보내준 것과 ○○ 목사님이 1만 원 보내주신 것이 전부입니다.

전화는 고 목사님, 홍 목사님, 이 목사님 내외분이 한 번씩 하셨습니다.

막내 도련님은 ○○교회에서 결혼식을 하기로 했어요. 율량동 2층에 집을 1,700만 원짜리 전세를 얻었다고 하네요.

시골 동서는 막내만 데리고 16일 출국했고, 30일에 귀국한다고 하네요. 시골에는 농사가 잘 되지 않아 좋은 가격은 받지 못했다고 하네요.

10월에는 이모네 자녀가 2명이나 결혼하고……10월은 빨리 지나갈 것 같아요.

우리 아이들은 어떻게 지내는지 궁금합니다. 여기 있는 아이는 안경 공장에서 일하는데 재미있다고 하네요. 내년에는 학교를 가든지 우간다를 가든지 한다니까, 염려하지 말고 기도나 해주세요. 그러면서 성숙해지겠지요!

그곳 소식은 어떠한지요?

추진하려던 초등학교 운영 여부는 어떠한지요?

신문과 방송들을 통하여 후원자를 모집할 수 있도록 그곳의 정치적, 경제적, 종교와 관련된 상황과 여건들, 사람들의 반응과 생각, 사상 등 알려주세요. 이곳의 정치적, 경제적 상황도 안 좋아 아우성이며……어수선합니다.

무엇보다 선교지에서 잘 견디려면 영력이 충만해야 힘이 덜 들겠죠. 기도하면서 하나님의 도우심과 능력을 얻어서 많은 열매를 맺을 수 있도록, 먼저 주님의 생각과 계획을 알고 지혜를 구해서 이루어 가도록, 주님만을 바라보는 게 무엇보다도 중요하겠지요.

예수 그리스도의 은혜와 도우심을 바라보면 길이 보이고, 진리가 보이고, 생명이 보일 겁니다. 사탄 마귀가 우리를 덤비지 못하도록 열심히 하나님의 방어막을 쳐 놓으세요.

우리 쌍둥이들은 학교에 잘 다니고 있어요. 24일에는 공주, 부여로 백제문화를 현장에서 직접 보고 배우러 간대요.

여기 청주에도 청주 방송이 18일에 생긴대요. 오늘 시험 방송을 하고 있어요.

별다른 소식은 없는 것 같네요.

보일러는 2만 5천 원을 주고 갈았고, 온수기는 전구를 갈았더니 잘 되고요. 옥상에 있는 비품은 유 집사님이 트럭으로 2번이나 실어 가고 10만 원을 줘서 하는 수 없이 받았답니다.

그 남편 집사님은 왼쪽 다리를 약간 저는 정도로 수술 없이 하나님의 은혜로 다 나아서 퇴원을 했고……이제는 신학을 해서 선교를 할 예정이라고 합니다.

저도 이제 내년 학기 원아 모집을 위한 계획을 세우는 중이랍니다. 하나님께서 주시는 일들을 좀 더 확실하게 아름답게 이루어 가도록 기도하면서 지혜를 구하고 협력자를 구하고 약간의 시간을 더 투자하는 것도 어리석은 일만은 아닐 거라는 생각을 했습니다.

복음이 하나님의 긍휼과 사랑을 희생과 인내로 잘 전달한다면 그곳에서는 더없는 복음 전파의 효과와 열매를 맺게 되리라 믿어요.

당신의 진취적인 성격과 하나님에 대한 변함없는 믿음과 참고 기다리는 인내가 아프리카의 메마른 땅에서도 셀 수 없는 열매를 맺게 하리라 생각합니다.

함께 있는 분들과는 어떠한지요?

안산 장로님한테서는 연락이 없네요.

제 염려는 너무 하지 말고 그곳 사람들과 영혼을 위해서 더 많이 기도하세요. 마귀의 세력을 무너뜨리려면 이곳은 하나님과 저에게 맡기고 그곳에 정열과 사랑과 나머지 생을 다 바칠 각오와 결심을 하세요! 저도 조금 있다가 갈 테니까 힘내세요.

우리는 반드시 아프리카에서의 멋진 인생 그림을 그릴 수 있을 거예요. 좋은 꿈꾸고 잘 자요! 사랑해요!

1997년 10월 18일
당신의 아내로부터

P.S : 아이들에게도 사랑한다고 전해주시고, 함께 있는 형제자매에게도 안부 전해주고 힘내라고 전해주세요!

끝까지 함께 해줄 당신께

　나의 삶의 중간에서 서서 뒤도 돌아보고 삶을 바라보면서 다시 소망을 갖는 계기가 되리라는 새로운 기대와 각오를 하면서 오랜만에 글을 쓰게 되었군요. 아무것도 모른 채 결혼해서 나도 힘들었지만 당신을 아주 많이 힘들게 했다는 생각을 합니다. 어린아이보다도 낫지 못한 나를 가르치면서 아내라고 함께해줘서 고마워요.

　늘 아내의 일을 당당히 감당하는 자들을 보면 미안한 마음을 가지고 있었는데, 그래도 귀여운 아이 달래듯 그렇게 나를 안아주는 당신의 넓은 마음이 있었기에 넘어지지 않은 것 같아요. 우리 주님이 저에게 소망을 주셨기에 결코 포기할 수 없었고, 지금도 저는 새롭게 다시 다짐합니다.

　하나님이 사랑하시는 당신을 위해 기도할 것이고 끝까지 당신 곁에서 돕는 배필의 역할을 잘 감당하기 위해 더 노력할게요. 이젠 아이들도 우리 곁을 떠났고, 이제 우리 둘만의 더 깊은 사랑의 시간을 갖게 되리라 믿어요.

　그동안 하나님보다 앞서서 당신에게 요구하고 내가 당신에게 하나님처럼 대했던 것들을 용서하세요. 하나님께도, 당신에게도 모두 다 잘못했어요. 이제는 노력할 것이고 대신 더 많이 기도할게요.

　저는 소원이 당신이 영적으로 더 충만한 사람으로 하나님 앞에서 사는 겸손한 모습을 보는 것이고, 그런 남편을 존경하면서 살고 싶답니다. 저의 소원을 들어주셨으면 좋겠습니다. 저도 노력할게요. 당신을 즐겁게 섬기는 자가 되도록 또한 진정으로 당신의 필요를 채워주는 돕는 배필이 되도록 말입니다.

　이제 우리 함께 기도하면서 주님 모시고 정말 행복한 삶을 살아요. 마음속에서 솟아나는 기쁨을 가진 자들로 살아요. 서로를 바라보면서 즐거워하는 부부가 되자구요. 그동안 우리의 보폭은 달랐지만 이제 손을 잡고 함께 가요.

당신, 옛날에 처음 결혼했을 때 나를 주머니에 넣고 다니겠다고 했지요? 그래요, 그때처럼 나를 더 많이 사랑해 주고 함께 가요. 당신의 그 원대한 꿈과 소망이 주 안에서 이루기까지 우리 두 손 잡고 끝까지 함께 가요. 당신이 원하는 사람이 되도록 더 많이 노력할게요. 부부는 함께 노력해야 될 것 같아요.

당신을 더 많이 사랑하지 못해서 미안해요. 이제껏 못한 것들을 보충하기 위해 노력할게요. 더 많이 순종하는 사람이 될게요. 당신을 즐겁게 하는 사람이 될게요. 기대해도 좋을 겁니다. 날마다 더 행복하게 해줄게요.

당신을 사랑하는 여자 명선 드림

아내가 받은 편지

명선 사모님!

제가 생각했던 우간다 땅보다 실제 여기서 보게 된 우간다 땅은 가슴 뭉클할 정도로 아름답고 그러면서도 한쪽 귀퉁이로 아련하게 쓰려오는 아픔이 느껴집니다.

이 땅에 명선 사모님을 부르신 하나님이 먼저 오셨고, 이후에 많은 사람들 중에 특별히 뽑아서 사모님을 이 땅으로 오게 하신 것 같습니다. 저희 팀이 여기에 온 것도 분명한 하나님의 부르심이 있습니다.

그분이 오늘 명선 사모님을 위로하라 하시고 축복하라 하십니다. 그날……그날만 사모하며 여기까지 쉼 없이 오신 사모님을 하나님이 안고 싶어하십니다. 날개 아래 품고 싶어하십니다.

사모님, 우리가 함께 달려갈 길을 다 달려가도록 조금만 더 힘을 내세요. 아버지가 도우시고 사모님이 아버지의 품에 안기는 그날……땅끝에서 만나는 그날을 위하여 돌아가 한국 땅에서도 동일하게 사모님을 위하여 기도하겠습니다.

마지막 때 하나님이 보시는 것은 아버지와의 관계입니다. 그리고 순종과 불순종입니다. 지금 누리는 하나님의 영광이 사모님께 충분하도록 최선을 다해 뛰는, 실제적인 사역이 되도록 기도하겠습니다.

악한 자의 쏘는 화살이 의인에게서 비껴가게 하시고 총구를 막아주셔서 지켜주시기를 간구합니다.

사랑하며 축복합니다.

사모님을 위해 사용된 축복의 통로로부터

서울대학교 학부모님께

　존경하는 학부모님, 안녕하십니까? 서울대학교 총장 오연천입니다. 참되고 역량 있는 자녀를 키우셔서 대한민국이 자랑하는 서울대학교에 맡겨주신 학부모님들께 진심으로 감사드립니다.
　올해는 서울대학교가 개교 64주년이 되는 해입니다. 그간 서울대학교는 지식과 학문탐구라는 대학 본연의 사명을 완수하며 대한민국이 자랑하는 대학으로 자리매김해 왔습니다. 오늘의 서울대학교가 있기까지 본교의 발전을 위해 늘 애정 어린 관심을 가지고 격려해 주시는 학부모님이 계셨습니다. 언제나 든든한 지원자가 되어 주시는 학부모님께 다시 한번 가슴 깊이 감사를 드립니다.
　존경하는 학부모님
　서울대학교는 '세계 10위권의 초일류대학 도약'이라는 비전을 세우고 이를 실현하기 위해 전 방위적인 변화를 추진하며 쉼 없이 달려왔습니다. 교류협력을 맺고 있는 세계 유수대학이 800개를 넘어섰고, 노벨상 수상자 등 학내에서 활동 중인 외국인 교수가 200명을 넘어섰습니다. 또한 2009년 세계대학평가에서 국내 대학 최초로 40위권에 올랐고, 글로벌 CEO 배출능력 평가 분야에서는 세계 5위에 올라 우수인재를 양성하는 것으로도 인정을 받았습니다.
　이처럼 서울대학교가 괄목할 만한 발전을 이루어왔지만, 앞으로 가야 할 길이 더 많이 남아 있는 것도 사실입니다. 잘 아시다시피 최근 외부 환경은 정치, 사회, 그리고 경제 전반의 모든 분야에서 그 폭과 속도를 가늠하기 힘들 정도로 빠르게 변화하고 있습니다. 서울대학교는 이런 혼미한 사회의 중심을 잡아주고 불확실한 미래의 어두움에 빛을 던져줄 수 있는 등불이 되어야 합니다. 그리고 지식생태계의 국경이 허물어지고 있는 글로벌 시대를 맞이하여, 본원적 지식을 창출하는 세계적 리더로 자리매김하기 위해 서울대학교에 새로운 도약이 절실한 시점입니다.

이처럼 중차대한 시기에 제가 서울대학교 총장이 되어 엄중한 책임감에 새삼 어깨가 무겁지만, 교정을 거니는 우리 학생들의 모습에서 장차 사회를 이끌어갈 리더의 모습을 발견하고 자랑스러움과 함께 가슴속 깊이 강한 열정을 느끼고 있습니다. 저는 서울대학교가 '학문적 가치 창조의 세계적 리더'로 거듭나게 하는 데 밑거름이 되도록 앞으로의 4년을 헌신할 것입니다. 서울대학교가 글로벌지식 네트워크의 중심지가 되도록, 따뜻한 인간애와 훌륭한 지적 역량을 지닌 우리 서울대 졸업생들이 세계를 무대로 활약하도록, 그리고 '아시아의 가치와 한국의 길'이라는 새로운 담론을 세계에 제시하도록 제 모든 열정을 투입하겠습니다.

서울대학교의 백년대계를 향한 희망찬 의지와 굳건한 토적성산의 마음으로 저와 교수, 교직원 모두 총력을 다할 것을 약속드립니다. 이러한 학교 내부의 노력에 동문과 학부모, 그리고 온 국민의 사랑이 더해질 때, 비로소 서울대학교가 세계를 향해 힘차게 비상할 것임을 믿어 의심치 않습니다. 학부모님께서는 지금껏 그래오셨듯이 서울대학교에 지속적인 관심과 애정을 가지고 뜨겁게 응원해 주시기를 부탁드립니다.

한 해의 삶이 익어가는 계절입니다. 풍성한 계절 가을, 댁내 계획했던 모든 일들이 풍년으로 결실을 맺길 바랍니다. 아울러 가정에 건강과 행복이 항상 함께하시길 기원합니다.

감사합니다.

2010년 10월
서울대학교 총장 오연천
서울대학교발전기금 이사장

존경하는 학부모님께

　하나님의 은총이 학부모님의 가정 위에 늘 충만하기를 기원합니다. 귀한 자녀를 숭실대학교에 보내주시고 학교에 한결같은 애정과 성원을 보여주신 데 대해 깊이 감사드립니다.

　우리 학교는 올 한 해도 많은 발전을 이루었습니다. 300억 원에 육박하는 외부연구비를 수주하였고, 교수님들과 학생들은 국내외에서 탁월한 업적들을 성취해 학교의 자부심을 높였습니다. 지금 진행되고 있는 입시전형에서는 아주 우수한 학생들이 숭실에 들어오기 위해 매우 높은 경쟁률을 보이며 선의의 각축을 하고 있습니다. 졸업생들은 사회 각 분야에서 두각을 드러내는 활동으로 기쁜 소식들을 전하고 있습니다. 꾸준히 도약하는 숭실대학교의 역량을 생생하게 확인하는 한 해였습니다.

　숭실대학교는 대형 복합건물인 '교육문화복지센터'의 건축을 진행하고 있습니다. 이와 함께 내년 8월 준공예정인 학생회관과 운동장 등 학생들을 위한 최신식 교육시설이 완공되면, 학생들은 보다 쾌적한 도심첨단 캠퍼스에서 자기발전에 더욱 진력할 수 있게 됩니다.

　지금 세계는 '올바른 가치관과 전문가적 실력'을 겸비한 창의적 인재를 요구하고 있습니다. 전공교과 이외에도 인성과 리더십, 산학협력, 사회봉사 영역의 교과목을 더욱 강화하여, 바른 인성에 기초한

창의적 실용인재 양성이라는 숭실의 교육정신을 더욱 높이도록 하겠습니다. 이와 함께 다양한 형태의 해외 인턴십 프로그램, 전지구촌을 향해 열려 있는 교환학생제도 등을 통해 우리 학생들이 글로벌 인재로 성장할 수 있도록 더욱 심혈을 기울일 것입니다.

이제 학생들은 겨울방학에 들어갑니다. 긴 겨울을 보내기 위해 자기응축의 시간을 갖는 나무들처럼 겨울방학을 맞아 우리 숭실 인재들은 가족과 더욱 가까이하면서, 학교교과에서 다 배우지 못하는 것들을 스스로 배우고 익히는 시간을 가지게 됩니다. 해외여행, 어학연수, 광범위한 독서, 따뜻한 봉사활동 등의 자기실현 활동을 통해 장차 이 사회의 지도자로 발돋움하는 데 요청되는 풍부한 학식과 교양을 부단히 쌓을 것입니다. 학생들이 괄목상대할 정도로 성장할 것을 확신하며, 학부모님과 함께 기대하며 지켜보겠습니다.

존경하는 학부모님!

영리하고 민첩한 토끼의 해인 신묘년이 다가오고 있습니다. 성탄절과 신년 절기를 맞아 저는 숭실대학교 교직원을 대표해 우리 학부모님의 가정과 일터가 하나님의 은총의 햇살 아래 더욱 윤택해지길 기도드립니다.

2010년 12월
숭실대학교 총장 김대근 배상

 에필로그

하나님의 은혜로 아프리카 우간다 선교 28년 차가 되었습니다.

그동안 지켜오던 선교 NGO와 초등학교 사역은 파송했던 본회와 새로 파송된 선교사님께 일체를 인계해 드리고 저의 비자 문제만 해결해 주도록 해서 벌써 10여 년이 넘었습니다.

그동안 백석총회 훈련과정을 이수하고 현재는 백석총회 우간다 선교사로 사역하고 있으며, 한국어린이교육선교회 소속일 때는 초등학교 사역만 해왔는데 현재는 교회 건축 사역과 초등학교 후원 사역을 겸하여 하고 있습니다.

저희가 사역하는 섬에는 에이즈 환자가 50여 명 있어서 그들을 지원해 주는 사역을 하고 있으며, 메인 섬을 비롯해 여섯 개 섬 중 메인 섬 나미티에는 YWAM이 벌써 넓은 부지를 확보해서 여러 칸의 병상이 있는 건물을 운영하고 있어서 저희는 그 방을 빌려 사용해 오다가 미션하우스를 건축하게 되었습니다. 작은 방 둘, 넓은 거실 겸 식당을 지었습니다.

현재 나미티 섬에 있는 초등학교를 교회가 건축, 운영해 왔는데 비바람과 돌풍으로 교실이 몽땅 날아가고 허물어졌습니다. 어떤 분들의 후원으로 교실 두 칸씩 2동을 지었는데 벽만 쌓고 미장도, 창문도 없는 상태입니다. 헌 예배당에서 유치부 2반, 교회에서 1~3학년이 서로 반대 벽을 칠판으로 삼아 수업하고 있어서 마음이 편하지 않아서 교실 총 5칸을, 사무실 포함하여 지었으면 하고 기도하고 있었습니다.

건축 비용은 교실 1칸당 4,000달러(환율변동의 영향을 받음) 정도면 할 수 있고, 총 2만 달러 정도면 모두 해결할 수 있으리라 생각하고 기도하고 있었습니다.

감사하게도 기도를 들으신 하나님께서 어느 교회를 통하여 물질을 보내주셔서 교실 5칸과 마무리하지 않은 교실까지 다 마무리하도록 하셨습니다.

장기적인 프로젝트는 이 여섯 개 섬과 인근 섬에 중·고등학교가 없어서 멀리 가서 기숙하며 수업하는 데 비용이 적지 않아서 인근에 중고등학교가 필요합니다.

우간다에는 중·고등 인문교육보다는 실업학교가 절실히 필요한 곳입니다. 농업을 비롯해서 원예, 축산, 양봉, 양어 등 실생활에 필요한 교육이 필요한 실정인데 학교마다 과학 분야에는 기구도 비싸고 전임할 교사가 절대적으로 부족한 실정입니다.

학교 부지는 섬에 있는 커뮤니티의 허락을 얻으면 실비로 사용할 수 있는데 교실과 숙소를 건축하는 일에 큰 비용이 드는 프로젝트입니다.

목공에 필요한 장비, 농업에 필요한 장비, 양재에 필요한 장비 등의 지원이 필요하고 원예를 위한 하우스, 목공을 위한 장비, 축산을 위한 시설, 양재를 위한 미싱 등 양봉과 양어기술이 절실히 필요한 학교 사역이기에 기도하는 중에 있습니다.

아직도 배고파하는 사람들, 일자리가 없어 일하지 못하는 젊은이들이 많은 우간다에 신앙교육과 함께 직업교육을 병행한다면 떡과 함께 복음이 들어가 완벽하게 저들의 삶에 열매가 있을 것이라 기대하고 있습니다.

벙어리로 살게 하신 하나님께서 저를 깨뜨리고 굴복하게 하십니다. 우간다에 복음이 삶으로 이어지게 교육한다면 주님의 뜻을 이루게 되리라 믿습니다. 저를 돕고 부족함을 위해 함께 동역할 선교사님을 기다리고 있습니다. 하나님의 인도하심을 믿습니다.

아프리카 우간다 오병이어 선교 가족

우간다 빅토리아 호수
선교현장화보

벙어리 선교사 28년

선교사를 돕는 현지인들

우리집은 선교사들의 쉼터

사진으로 보는
화보

선교사는 선교지에 있을 때 행복합니다

선교사 가족 사진

벙어리 선교사 28년

선교사 가정 5부자는 풀장으로

세상에 보기 드문 남매 쌍둥이

사진으로 보는
화보

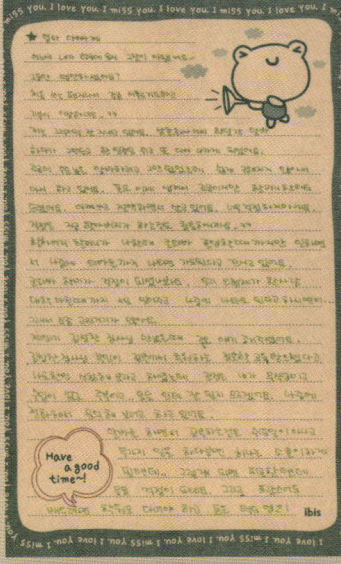

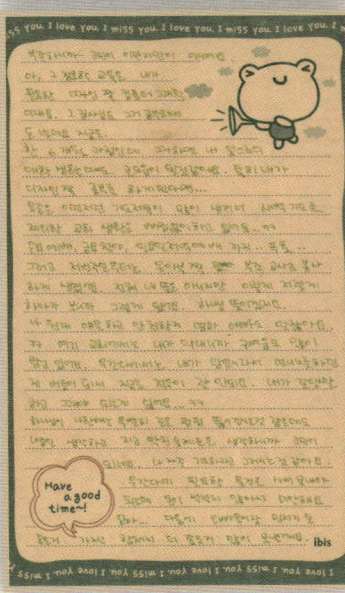

딸이 보내온 편지

그룹 성경공부

이번에도 뽀쇼를

사진으로 보는
화보

매달 공급하는 에이즈 환자들의 식량

고깃배에다 뽀쇼를

장학생을 위한 모임

섬마을에 우물 공사를 하다

사진으로 보는
화보

에이즈 환자들 식량 지원

에이즈 환자들과 성경공부

성전 건축도 선교사가 하다

현지인 교회 예배 모습

사진으로 보는
화보

선교사가 도운 초등학교

모래를 나르는 사람들

학교 급식 주방

새로 지은 학교 페인트 공사

사진으로 보는
화보

나미티섬 우물 공사 물통

주일학교

교회에서 3개 학년이 수업 중

초벌구이하는 벽돌 가마

사진으로 보는
화보

루비아 교회 건축

난조프 구교회와 성도들

벙어리 선교사 **28년**

배구장을 만들다

나미티 초등학교 증축공사

사진으로 보는
화보

난조프 교회 아연 시트 운반

옥수수 가루를 50kg씩 운반하다

랑고샤 교회 지붕 공사 지원

광풍에 날아간 씨릿야비 구교회

사진으로 보는
화보

건물이 다 날아가고 2칸씩 4칸만

사모 선교사도 건축 자재를 운반하다

벙어리 선교사 **28년**

학교 증축 공사에 필요한 벽돌 운반

선교사의 점심 식사

사진으로 보는
화보

선교사의 점심 식사

학교 증축 공사

벙어리 선교사 **28년**

교회에서 3개 학년이 수업 중

여행은 즐거워요

사진으로 보는
화보

주일학교 설교

선교사님들과 함께

하나밖에 없는 우간다 한인교회

청주지역 선교대회

사진으로 보는
화보

우간다의 유명한 멀치슨 폴에서 선교사님들과 함께

선교사 수련회에서 만난 모형 코끼리

벙어리 선교사 **28년**

주일학교 성경공부

국회의원도 선교사가 학교를 지어 주기를 바란다

사진으로 보는
화보

나무 그늘은 주일학교 교실

대가족 사진

벙어리 선교사 28년

1판 1쇄 인쇄 _ 2024년 5월 13일
1판 1쇄 발행 _ 2024년 5월 25일

지은이 _ 김기일
펴낸이 _ 이형규
펴낸곳 _ 쿰란출판사

주소 _ 서울특별시 종로구 이화장길 6
편집부 _ 745-1007, 745-1301~2, 743-1300
영업부 _ 747-1004, FAX 745-8490
본사평생전화번호 _ 0502-756-1004
홈페이지 _ http://www.qumran.co.kr
E-mail _ qrbooks@daum.net / qrbooks@gmail.com
한글인터넷주소 _ 쿰란, 쿰란출판사
페이스북 _ www.facebook.com/qumranpeople
인스타그램 _ www.instagram.com/qrbooks
등록 _ 제1-670호(1988.2.27)
책임교열 _ 최찬미·최진희

ⓒ 김기일 2024 ISBN 979-11-6143-949-5 03230

책값은 뒤표지에 있습니다.
이 출판물은 저작권법에 의해 보호를 받는 저작물이므로 무단 복제할 수 없습니다.
파본(破本)은 구입처에서 교환해 드립니다.